干净的提问

12个核心问句 创造**无评判的对话空间**

［英］玛丽安·卫（Marian Way）著
巫卫山 潘跃 王宾 译

Clean Approaches
For Coaches

华夏出版社
HUAXIA PUBLISHING HOUSE

献给夏洛特（Charlotte）和乔纳森（Jonathan）

系统的行为非常丰富，远超我们仅凭其基本原则而可以预见的。

——史蒂芬·沃尔夫勒姆（Stephen Wolfram），2002

译者序

2015年6月，我在国际教练学院（ICA）参加了一堂关于"有力的提问"的教练课程。当时，来自澳大利亚的海伦·奥曼德（Helen Omand）老师与学员们分享了一种培养好奇心的提问方式："干净的语言"（Clean Language）。她邀请同学们做一个接力棒式的同侪教练，但要求只能用两个干净的问句进行提问。经过10分钟的练习，所有同学都惊讶地发现，客户的状态有了显著而积极的改变。后来，我了解到，这两个问句被誉为"绝地武士"问句，也是本书第一章提到的"两个关键问句"。如此，我与"干净的语言"结下了不解之缘。课后，我立即在亚马逊购买了一些"干净的语言"的相关书籍；很快，我在北京家中定期组织教练朋友一起学习，逐渐建立了"干净的语言"在国内的学习社群。在此后三年里，我每年都前往英国参加沙利文（Sulivan）和劳利（James Lawley）等干净大师的工作坊。2018年春天，我有幸参加了本书作者玛丽安·卫在美国组织的"干净的语言"工作坊，并开始研读她的著作《干净的提问》（Clean Approaches for Coaches）。2022年12月，我拿到了"干净引导师"的认证，并一直师从玛丽安至今。

在过去的10年中，我从一个"干净的语言"好奇者逐渐成长为一名"干净的语言"实践者和推广者。干净已经慢慢融入我的沟通方式和生活态度中。我深深地体会到，"干净的语言"不仅仅是一种有效的教练方法，它其实还是一种极简的沟通方式。任何人都可以使用"干净的语言"，只需遵循两个规则：只能使用对方的原话，只能提出干净的问句。

"干净的语言"创始人大卫·格罗夫（DavidGrove）设计"干净的语言"的初衷是要在对话中排除自己的评判和假设。在这一点上，他的确是个天才。他设计的12个基本的干净问句简单易懂，不仅可以用来探索概念性的语言，还可以用来探索感知类的语言和隐喻。干净教练的精髓可以用老子《道德经》中的一句话来概括："知人者智，自知者明。"每个人的成长和转变都基于自我觉察和自我接纳。"干净的语言"为客户提供了一个珍贵的自我探索体验。我说奢华，并不夸张，因为在干净教练的过程中，教练如此干净，几乎是隐形的，不会污染客户的需求和想法。客户可以在一个安全的环境下自由地向内探索，一次又一次地被倾听，与自己的潜意识连接，领悟自我，接纳自我。而教练只使用客户的原话或者客户自带的隐喻，客户从始至终是自洽的。在这样奢华的探索之旅后，不管结果怎样，客户往往感到自在心安，对未来感到沉稳自信。这样的效果就像《道德经》的另一句经典：功成事遂，百姓皆谓"我自然"。

一位我服务多年的客户曾说："当你用干净的语言探索我的隐喻时，它就像是一束光，那种纯净的光可以引导我深入内心，净化我的内在智慧，去探索所求，解决问题。""干净的语言"的学习和实践也让我对隐喻有了全新的认识。我真正领悟到隐喻其实包含了人们完全真实的体验，探索隐喻就是探寻内在真知，而不是表象。玛丽安曾说："探索隐喻景观为转变带来了可能性，当隐喻发生改变时，感觉和行为也会相应改变。"这正是"干净的语言"之力量所在。

那么，这种极简又睿智的沟通方式的秘诀在哪里？在过去的10年中，我接触到了不少来自全球各地"干净的语言"的大师。他们都有一个共同的信念：人，本自具足。当我们信任客户的内在智慧，尤其是他们身体的智慧时，我们就会放下自己的评判和期待，以好奇的心态去倾听客户的原话，观察客户的肢体语言，用"干净的语言"去支持对方的探索，让每个当下都充满成长的可能性。正是"干净的语言"为我提供了一个入口，尝试尊重客户的智慧和自主性，慢慢地学会将客户视为一个完人去接纳，也逐渐学会欣赏他们人生的丰盈。

从2018年开始，我在微信公众号"纯粹的空间"分享"干净的语言"学习资源，组织培训，每场课程结束后教练们都会给出满溢的收获反馈。我的课程不局限于教练学习，参加培训的还有一些学员是我"正念养育教练营"的父母，他们也是我"干净的语言"课程的受益者。这些爸爸妈妈们积极地将"干净的语言"带入自己和孩子的互动中，亲子关系得到了很大的改善。学员们的收获是我继续精进学习和实践"干净的语言"的动力，我也一直期待着有一本中文教材能够支持他们的系统性学习。

2022年9月，我收到潘跃教练的微信，了解到华夏出版社对出版"干净的语言"类书籍感兴趣。上次和潘跃见面还是在2017年，我们在我北京的家中一起练习"干净的语言"。那条消息让我既吃惊又兴奋。在我阅读过的所有"干净的语言"的书籍里，玛丽安的《干净的提问》在第一时间抢占了我的心智。它不只是一本适合教练、心理咨询师、高管、引导师、老师等专业工作者的工具书，也是适合家长等大众人群阅读的"干净"手册。我立即联系了在英国的玛丽安，表明了想翻译她的著作的意愿，老师欣然同意。

随后，我邀请了另一位"干净的语言"的爱好者王宾教练一起参与翻译。2022年11月，我、潘跃和王宾正式开始翻译本书。我们仨有一个共同的愿望：为更多教练的成长带来启发，让更多人从干净的沟通方式中受益。

感兴趣的读者，可以关注"纯粹的空间"微信公众号，分享你的收获，一起参与"干净的语言"的学习。

——巫卫山（Caroline，中国首位认证干净语言引导师，高管教练，ICF认证PCC，国际教练学院PCC认证课程导师和口试评估师，MBSR与MMTCP正念冥想导师，正念养育教练营创始人）

我第一次遇到"干净的语言"是在卫山教练家里，她向我们几位学习教练的朋友介绍了一种新的教练方法——干净的语言。我当时就喜欢上了这个简单而神奇的方法，原来做教练可以如此轻松，不需要绞尽脑汁想问题，只需要12个问句就足够了。

不要小看这简单的问句，记得刚学习"干净的语言"的时候，我给一个客户做教练。她提到自己与父亲的关系，我问她："那个关系像什么？"她马上想到和父亲犁地的场景，声音里满是心酸。那次教练探索得非常深入，原来心与心的连接就是这样的，客户描述出她的画面，我随之在我的头脑中画出图画，用心和客户交流。这次让我印象深刻，那个隐喻一直留在我的心里。

几年前，我自己当"干净的教练方法"的客户，当时被一个困境束缚了，教练问我："那个困境像什么？"我想到了山里的石头，眼前立即出现了一条小溪和石头，我还清晰地记得教练用很轻的声音问我："关于石头，还有什么？"我便描述了石头的周围。因为可以把自己的困境描述得清清楚楚，自己的问题被逐渐展开了，方方面面都呈现出来，整个过程我到现在还清楚地记得。我深深地感受到自己和教练心与心的贴近。

最近我为一位客户做教练，他不断谈论自己遇到的事情，听上去很疲惫。我问他："你希望发生什么？"他马上从日常琐事缠绕的状态脱身，开始思考，人变得沉静了，我也立即从烦乱的心绪中抽身而退，进入了干净的状态。真是立竿见影啊。

在翻译《干净的提问》这本书的过程中，我获得了全新的学习体验。之前所了解的内容似乎被清洗过了，我重新认识了干净的教练方法。书中有20个案例，既生动又有趣，将我一步步带入干净的教练状态中。

我最有收获的地方是一定要"用客户的原话"，当你完全使用客户的原话时，客户被充分地尊重和听到了。做干净的教练让我思考：自己到底希望做一个什么样的教练？教练需要对客户的议题很有解决办法吗？还是说我只是一个管道，让客户自己探索自己的难题，教练要尽量隐身，不被客户关注呢？是不是做工作的时候、做父母的时候也是同样的道理呢？每个人都可以是一个干净的教练，只需要用十几个问句，你也可以成为一个干净的教练、一个干净的父母、一个干净的同事，你相信吗？

——潘跃（Tracy，ICF认证ACTP高级教练，乐高认真玩LEGO®SERIOUSPLAY®认证教练，U型理论PFP认证讲师，社会大剧院SPT认证讲师）

我2007年前后就接触了专业教练技术，那时我还在500强外企里担任培训管理者。后来，我虽然完成了其他教练流派的系统学习，可是在教练实践中，我也遇到在专业教练成长路上的一些常见挑战，比如：如何让自己的提问更简洁有力？如何给客户反馈？如何修炼大师级教练的内在状态？在教练会谈中，我作为教练，如何做减法？如何让自己的表达更加简明扼要？如何减少心里的评判之声，持续而专注地聆听与陪伴客户，接纳客户如其所是？如何控制住自己要给客户建议的冲动，耐心支持客户探索未知之境，见证客户的本自具足？

机缘巧合的是，2020年初，我遇到了巫卫山教练，开始跟随她学习"干净的教练方法"，当时吸引我的有两点：提问可以很简单！反馈可以很简单！我感觉，这样的"干净"和"简单"也许可以帮助我应对那些在教练实践中遇到的挑战。带着这样的期待，我完成了卫山教练开设的线上初阶培训（中文版），又趁热打铁参加了玛丽安老师开设的一个线上培训项目（英文版）。

在参加培训的过程中，我和同学们（大多已经是有实践经验的专业教练）在心里对于"干净的教练"的两个基本原则——只能使用对方的原话，只能提出干净的问句——还是存疑的：这样做教练，真的有效吗？如果我就这样做教练，效果怎么样？通过在培训过程中的一次又一次练习（有很多轻松又有趣的练习方式），我的怀疑和顾虑逐渐减少，兴趣和信心逐渐增强。于是，在平时的教练实践中，我也有意识地多用"干净的教练方法"，少用常规的教练方法，体会这种特别的极简教练方法对自己和客户带来什么样的影响。

2022 年底，卫山教练邀请我与她和潘跃教练共同翻译《干净的提问》这本书，并提到这样的教练方法在国外已经有应用于学校的成功案例，我的参与热情一下子就燃起来了。因为在 2020 年初，我以专业志愿者身份在长期支持的"火柴公益"启动了"火柴公益教练项目"。几年来，在上百位专业教练朋友们的全心支持下，全国各地的几百位乡村校长和老师朋友们不仅在自我成长方面有了喜人的收获，有些还踏上了"教练型校长 / 老师 / 父母"的成长之路，希望在教练技巧的学习方面得到一些专业的支持。鉴于"干净的教练"具有简单易行的特点，也许这个方法会支持到乡村校长 / 老师们的顺利转型呢！

为了修炼自己的教练状态和技术，也为了更好地支持全国各地的乡村校长 / 老师朋友们，我努力投入《干净的提问》的翻译过程当中，并再次报名参加了玛丽安老师的线上精修班（英文），而我参与翻译的这本书恰是玛丽安老师给世界各地的教练同学们提供的辅助教材！

过去一年多的翻译和学习经历，让我不仅对干净的教练方法有了更丰富、更细致的体验和发现，也在以"干净的教练方法"支持客户的实践中收获了更多的积极反馈，比如："只问干净的问题会让问题简洁有力""我其实不太擅长用我的语言来总结提炼客户的信息，而干净的教练提倡只用客户的语言反馈，这其实是我擅长的，也给我一些信心""干净教练都在隐喻上工作，给我很大惊喜""用干净的问题推动我思考和体会，提问者的存在感弱化，空间几乎都留给了我"，等等。

因此，我相信，《干净的提问》的出版，不仅会支持专业教练朋友们不断精进，也会支持到有意学习教练技巧的朋友们轻松上路，甚至会支持到各界朋友们提升人际沟通品质。

—— 王宾（Bonnie，高管领导力发展教练，PDP 认证教练，《未来领导力》《涌现式变革》等书的译者与相关学习发展项目的运营者，乡村教育公益志愿者）

致 谢

首先，我要感谢彭妮·汤普金斯（Penny Tompkins）和詹姆斯·劳利。他们的帮助、鼓励、反馈和友谊，促成了这本书的诞生。我写作过程的每一步都有他们的相伴。他们不仅提供了详尽的反馈，也给予我无比慷慨的支持。

我们"干净的语言"社群的每一个成员都由衷地感谢它的创始人大卫·格罗夫（David Grove）。大卫既富有求知欲，又有创新精神。他跟随自己的灵感，不断尝试和精进，简直可以说是"对自己的作品精雕细琢"。我希望这本书能使他的美名永存。

我的家人给了我巨大的帮助。当我夜以继日地写作、重写和编制索引的时候，我的丈夫约翰（John）用亲手烹制的美食和满满的耐心支持我继续努力。我发现他还是一位出色的校对员。我的女儿夏洛特不仅同意将她的故事纳入本书，还给我提供了巨大的支持、鼓励和实用的帮助。我的儿子乔纳森充分发挥出了自己的编辑功力，在结构、风格和内容方面给了我绝妙的建议。感谢你们！

我还想感谢菲儿·斯沃洛（Phil Swallow）、凯特琳·沃克（Caitlin Walker）、贝弗·马丁（Bev Martin）、丽莎·斯特奇（Lisa Sturge）、莎朗·斯莫（Sharon Small）、莱丝利·西蒙斯（Lesley Symons）和罗斯·威金斯（Rose Wiggins），他们先后阅读了本书的手稿，提供了许多建设性的改进意见；还要感谢和我一起主持了"干净的语言像什么？"工作坊（第19页）的南希·道尔（Nancy Doyle）；感谢史蒂夫·桑德斯（Steve Saunders）告诉我大卫·格罗夫对彼得·潘（Peter Pan）的钟爱；感谢理查德·斯泰西（Richard Stacey）、雷切尔·汉金斯（Rachel Hankins）和大卫·马丁（David Martin）辛勤校对了本书；还要感谢雪松集团（Cedar Group）所有参与本书出版和封面设计的工作人员。这些人一直是这个写作项目最热情的支持者。

除此之外，我要感谢每一个以各种方式鼓励和启发我的人，他们给我出主意，鼓励我坚持下去，还以干净的方式引导我。其中包括曾经和我一起学习的培训师们、我曾读过的书的作者们，以及我的朋友们、同事们和工作坊的参与者们。

最后，我还要由衷地感谢在过去12年里与我合作过的所有客户，他们教会了我如何干净地做教练。我要特别感谢那些慷慨地允许我在本书中使用其个案会谈记录的客户。

目 录

案例分析清单	8
前　言	10
序　言	12
在你开始之前	15

简　介

什么是干净的语言？	18
干净的语言像什么？	19
干净语言的独到之处	20
干净的语言从哪里来？	22
干净的语言在教练中的应用	24
持久的转变	26
什么是象征性建模？	28
象征性建模如何生效？	30
转变所需的条件	32
与模糊性共存	34
学习象征性建模	36
本书的结构	38

第一次迭代
倾听和语言

准确地倾听	42
那么，记住……	46
那么，认可……	48
那么，提问……	52

大卫·格罗夫的干净问句

两个关键问句	56
引导注意力	58
那么，关于这一切，还有什么？	64

第二次迭代
隐喻

为什么用隐喻？	68
定义隐喻	70
识别隐喻	76
发展隐喻	82
在哪里？在哪个位置？	88
附加的几个发展类问句	90
那么，所有这些就像什么？	92

第三次迭代
处理结果

结果导向	96
为什么从结果开始？	98
怎么处理困境？	100
资　源	102
到底是谁的结果？	104
跟随航线	106

一次教练会谈的概览	108
识别渴望的结果	110
当……的时候，会发生什么？	112
P.R.O 在实践中的应用	114
发展一个渴望的结果	116
那么，在此之前，发生了什么？	122

第四次迭代
相关性

发现关系	126
把空间带到前台	128
描述空间的语言	130
发现空间关系	131
发现空间关系的干净问句	133
给"时间"一点时间	134
描述时间的语言	136
发现时间关系	137
发现时间关系的航线	139
影　响	140
重复发生的事件	144
源　头	146
那么，当下发生了什么？	148

第五次迭代
转变

为转变而建模	152
必要条件	156
酝酿转变	162
结束会谈	168
会谈后的任务	169
那么，接下来会发生什么？	170

第六次迭代
应对束缚

从模式入手	174
什么是束缚？	176
识别束缚	177
双重束缚	179
应对束缚	180
那么，你现在知道什么了？	194

附录　干净引导师能力标准：1 级	196
干净的问句索引	198
航线索引	200
参考文献	202
作者介绍	205

案例分析清单

编号	名称	教练话题	阐述	页码
1	黏黏的砂纸手	学习	干净的问题和3步式	65
2	糖果手杖	充满潜能	发展象征性符号	84–87
3	一个温暖的茧	舒适区	发展象征性符号	89
4	晾衣绳	时间	你怎么知道……？	93
5	保持正轨	会议管理	识别渴望的结果	97
6	同在感	演讲	P.R.O. 模型	114
7	不只是平庸	成就	P.R.O. 模型	114
8	足够井然有序	日常事务和电子邮件	P.R.O. 模型	115
9	舞者与手	放松地和人交流	发展渴望的结果	116–118
			发现空间关系	131
			发现时间关系	141
10	扭曲的电线	处理冲突	发展渴望的结果	119–121
			发现空间关系	131–132
			发现时间关系	142–143
			必要条件	160–161
			酝酿转变	166–167
			模式	174–175

"象征性建模"体验卡

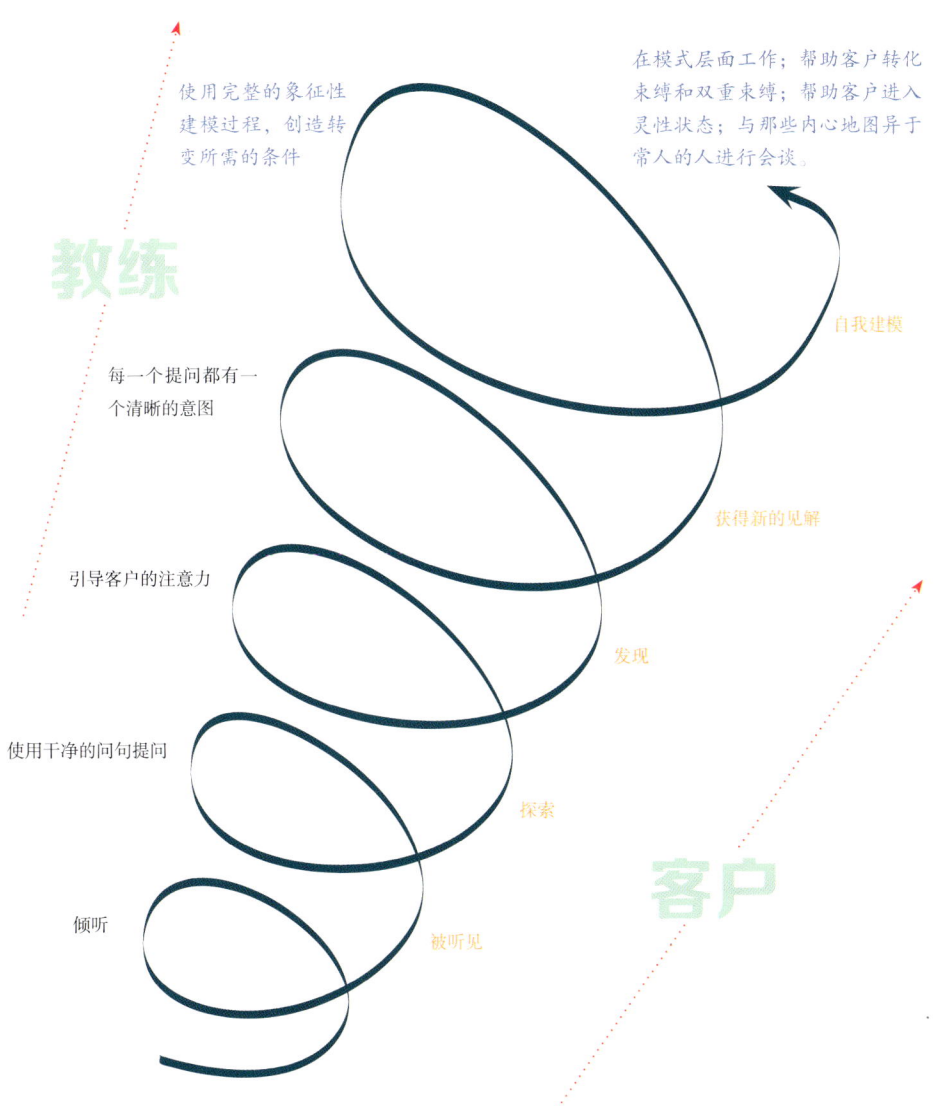

编号	名称	教练话题	阐述	页码
11	决心	下决心	顺序 / 资源的源头	144–147
12	妈妈的眼睛	宽容	活化	148–149
13	一个充满诱惑力的念头	分心	活化	149
14	我冲你放了个屁	营销电话	转变	154
15	灵活性	成年人的状态	转变	155
16	景观	减重	必要条件	157–159
			酝酿转变	162–165
17	药物与饮食	做决定	双重束缚	179
18	玻璃墙	信心	将景观具身化	181
19	飞翔而不是下坠	焦虑	应对束缚	182–184
			应对束缚	
20	投入蓝色中	寻找工作空间		185–193

前　言

从表面上看，干净的教练方法和其他的教练方法很相似，但这是一种错觉。就内在而言，也就是从客户和教练的角度来看，干净的教练过程所带来的体验是和其他教练方法截然不同的。

干净的教练和其他类型的教练之间最明显的区别在于前者使用干净的语言（Clean Language）。干净的语言是大卫·格罗夫在20世纪80年代初开创的。大卫深信，隐喻（metaphor）在人们的思维、言语和行为中发挥着至关重要的作用，这在当时是具有革命性的思想。时至今日，使用干净的语言仍然是处理客户的隐喻最精妙而又优雅的方法。干净的语言需要在一个方法论或框架中使用，这正是象征性建模（Symbolic Modelling）发挥作用的地方。当客户在教练的引导下留意到他们的隐喻语言和非语言行为时，他们才得以用一种全新的方式了解自己，并开始以不同的方式去思考。

大卫·格罗夫曾说过，干净的语言必须简单，因为客户是复杂的。干净的语言通过一种不添加任何内容的方法，把对客户的干扰降到最低。这意味着客户几乎没有选择，只能在自己身上下功夫——无论他们喜欢与否。他们可以欺骗自己，也可以与自己抗争，但迟早他们会意识到，自己这么做只是不想去改变而已。那么，他们该怎么办呢？我们不知道，他们也不知道，但我们愿意协助他们找到属于他们自己的答案。

客户在何时以及如何发生转变很难预测（而且转变所带来的影响更难以预测）。我们曾看到一位客户，他在与教练会谈的最初几分钟就经历了巨大的转变——这让他感到很惊讶，也让我们很震惊。还有一个客户在结束会谈后正准备离开，就在他使劲打开我们的前门的那一瞬间，他感觉到了转变。通常，客户会在几个月后发现自己的生活发生了转变。客户有时似乎没有体验到多少转变，也许这是最好的结果。我们不会假设转变总是有益的。

我们相信，思维的进化和行为的转变都是非线性的过程。这意味着教练的所作所为和客户的转变之间没有直接的关系——所以，我们不必刻意让转变发生。相反，我们在客户的行为中寻找模式。这些模式将表明客户的系统在什么样的条件下自发地、自然地进行转变。

要做到这一点，干净的教练必须把自己的内心世界放在一边，让客户的内心世界成为他们双方共同关注的焦点。许多教练认为自己已经在这样做了，即便如此，他们不像干净的教练那样彻底。

此外，干净的教练并不需要一个工具箱，尽管里面可能装满了各种帮助客户转变的技巧；他们也不会提供建议，不管这些建议有多好。如果干净的教练不可以把自己的内容带进会谈，他们能做什么呢？干净的教练只有一种"工具"：他们的每一个举动，包括每一个词、每一个注视、每一个手势，都在有目的地邀请客户关注他自身经历的各个方面；留意、考虑和再考虑他们如何做他们自己；弄明白他们自己希望发生什么。我们称之为协助"自我建模"。

要成为一名出色的干净教练，需要付出一定的努力。最主要的是我们需要脱离诸如心智如何运作、心智如何转变的诸多解释和信念。这些泛化的原理会阻碍我们看到客户的独特性，使我们对此刻发生的真相视而不见。客户都会用特有的方式去保持原样或者作出改变。这些泛化了的原理会阻碍我们对客户特有的方式作出回应。当你脱离这些限制时，你将不再需要去理解（弄懂客户），不再需要让事情（按照你期待的样子）发生，不再需要表现得像个专家。这也就是说"少即多"，然后，你会发现客户往往会提供下一步怎么走的线索和提示，即便他们是无意识的。这样，原先视而不见的东西现在变得清晰可见了，每一步都是在未知世界中的探险，随时给你带来意想不到的惊喜。

玛丽安编写的这本书不仅编排好看，而且构思精巧，体现了干净教练的实操性，道出了教练过程的精髓。这本书深入浅出，既通俗易懂又融会贯通，清晰而真实地体现了现实生活的复杂性。这本书穿插了插图、隐喻以及大量文字记录，这些文字记录都是来自她十多年的教练经验，为读者提供了一个专家的视角。正是她的视角让本书如此丰富、连贯并充满创意。我们希望这本书能引起你的兴趣，让你想要跃跃欲试，想要做客户或者做教练，去亲身体验干净的语言和象征性建模的魅力。我们也希望你能从书中受到启发，反复琢磨，以便更深刻地理解书中所蕴含的智慧。如果你想要找一本学习教练的基础读物，你手中的这本书就是最好的选择。

詹姆斯·劳利

彭妮·汤普金斯

2013年2月1日，澳大利亚悉尼

序　言

> 我们要不停地探索，所有探索的终点将是回到探索的起点，然后我们才第一次真正了解那个地方。
>
> ——摘选自 T. S. 艾略特（T. S. Eliot），《小吉丁》（Little Gidding）

你有没有过这样的经历？第一次接触某样东西，却感觉其实你早已知道。我就有过这样的经历。当时我在法国的一个花园里，领悟到我的人生目标就是让沟通成为可能，这个领悟让我感到有些惊讶，我不知道它是从哪儿冒出来的。虽然在此之前我已经在用干净的语言做教练，而我所有的角色——老师、领导、培训师、作家——都以沟通为核心，但是直到在那个花园的那一刻，我才真正找到人生的方向。

令我惊讶的是这个领悟发生的过程。当时的我为了提高自己干净的语言和象征性建模的技能，参加了一个工作坊。在这个工作坊中，我不仅要担任教练的角色，还要担任客户的角色。在担任客户的角色时，我说我想知道自己要往哪个方向发展。在整个工作坊中，我发现我总有偏离我所选道路的倾向。但当我站到那个花园里的时候，我终于找到了一致感，并能继续朝前推进。那是我人生中的一个重要时刻。

当晚，在尝试画出我的"隐喻景观"图的时候，我意识到我虽然已经花了那么久的时间想找出正确的方向，但眼前却空无目标。于是，我想到了花园里的场景，记起花园里有一棵树。我一直都很喜欢树，于是我就在我的景观图里种了一棵象征性的树。

第二天，我迫不及待地回到工作坊，那里有一本关于象征符号的书。我在书中查找了"树"这个词的象征含义。书上说，树根代表"地下世界"，树干代表大地，顶部的树枝伸向天堂的光明。而树的功能就是连接这三个世界，使它们之间的沟通成为可能。

当读到"让沟通成为可能"这几个字时，我才恍然大悟。对啊，这就是我来这里的目的。然而，太巧合了。我只是碰巧在花园里，碰巧面朝一棵树，而在我可以选择的所有象征学的书籍中，碰巧挑了一本能"告诉"我人生目标的书。你说奇怪不奇怪！

其实也没那么奇怪。在干净的教练会谈中，这样的事情是很常见的。因为在向某人提出干净的问题时，这些问题不含任何不必要的揣测，创造了一个"心理激活"的空间，客户"可能就在事件的巧合和物体的位置中发现深层的含义"（劳利和汤普金斯，2003）。

干净的教练方法的使用也有助于创造条件，以激励客户在有了这些新发现后采取进一步的行动。最近我在与一位客户合作，他即将加入一家新机构并担任非执行董事。面对一群新人，他不知道什么时候该畅所欲言地分享，什么时候该保持沉默，这让他有点焦虑。在会谈开始时，他发现，如果他能保持平静和沉着的状态，他就会知道什么时候该说话。接着，我问了一些干净的问题，帮助他在我们会谈的那个当下就体验到了平静和沉着。在会谈的最后部分，干净的问题帮助他意识到他需要每天练习进入这种状态，也需要为练习制定一个计划。干净的语言是一个多功能的工具。

我没有给他任何建议，这一切都是他自己做到的。这种方法不允许教练给客户任何建议、作解读甚至是给出释义。当客户从自己的话语和象征性符号的发展和演变中看到真相后，他们的内在动力就会驱使他们去采取行动。

我第一次在神经语言程序学（NLP）大会上见到詹姆斯·劳利时，我就"迷上"了干净的语言。我毛遂自荐做他的"示范对象"，我的生活也从此改变了。那次示范不仅帮我脱离了一个让我一直心怀怨恨的困境，同时开启了我撰写这本书的旅程。后来我发现，彭妮·汤普金斯初遇"干净的语言"创始人大卫·格罗夫时，也是被"吸引"并渴望学到更多。时不时就会有人跟我联系："我必须学习干净的语言。我什么时候可以开始上课？"我知道他们也被"吸引"了。越来越多的人被这个方法的美妙和完整性所吸引，也有越来越多的人看到这个方法给他们及其客户所带来的成效。"干净的语言"社群随之不断扩大。

我的一个朋友是一所小学的高级教师，多年来一直辅导在校教师。虽然几年前她参加过一个教练课程，但在读到这本书的初稿之前，她一直无法做到从导师到教练的转变。她只懂得教练的理论，但不知道怎么做教练。怎么可以帮助客户对某事得出自己的结论呢？指导他们该做什么，然后朝着正确的方向"轻推"一下，那不是更快吗？当然了，如果你所做的是教授他们一些新技能的话，这样做的确会让进展更快。例如，在我们的技能培训课程中，尽管我们尽可能"干净"，培训师仍然要给学员提供资料、指导和反馈。但如果你想鼓励一个人去发现他自己想成为什么样的老师，去探索自己的想法，作出自己的决定，那么教练比起教授或辅导来说，是更佳的选择。

也许你曾像我的朋友一样，知道有效的教练意味着你要保留自己的观点，但你还没有找到让自己置身事外的方法。或者，你可能已经疲于考虑什么教练技术适合这个客户，什么建议对那个客户有利。也许你有时甚至不知道该说什么。别灰心，你会在这本书里找到一种事半功倍的方法。它让你通过做更少的工作，让客户实现超出你或他们的想象的成就。

干净的语言很简单。只需将客户的原话嵌入干净的问句中，一个新手教练可以在几分钟之内帮助客户获得强有力的启示。但这并不总是那么容易。如果你已经是一名教练，或者在工作中已经使用了一种提问的方法，你可能会发现，你只问干净的问句和只用客户的原话是有难度的。你要经过一段时间的练习，才能听出客户自带的隐喻。

我写这本书的目的，是以一种易于理解、遵循和实践的方式，呈现干净的语言背后的理念和方法论——同时不否认人类思维的复杂性。当你向某人连续提出两个或三个以上干净的问句时，人类思维的复杂性就开始显现出来了。

不可否认，探索另一个人的逻辑就像在一片陌生的土地上行走，在那里，一切都不像表面看上去的那样简单。当一位客户谈到要在她和伴侣之间架起一座桥梁时，你的脑海中就会浮现出一幅横跨潺潺小溪的浪漫石桥的画面。继续谈下去，你会发现，客户实际上想的是一个高大得可以跨越宽阔海湾的高度工程化结构。一个人的内心世界是一片充满了无限可能性的土地，你和客户都无法预知在那里将会发生什么。这片土地可能会挑战你所认为的逻辑，但它绝对是有逻辑的：一个美妙的内在逻辑，它本身就合情合理。

在开始学习干净的教练方法时，你有时可能会感到卡顿，不知道该怎么办。你可能会觉得面对某个特定的困境时没有解决方案，或者你会担心这些提问似乎是一种对客户的窥探（从表面上看是如此，但实际上客户的内心会感到非常坚定）。有时候，你很想向客户分享一个聪明的想法，你可能会忍不住对客户说，"虽然这样做不是干净的教练，但我想知道你是否有兴趣知道……"，然后提供你的明智想法。

在刚开始做干净的教练时，我当然也曾不止一次地出手拯救我的客户，让他们"受益"于我的智慧，而不是相信他们自己的智慧。我注意到，每当我这么做了以后，我都会为此而后悔。我学习到，如果我能坚持下去，再问一两个干净的问题，事情就会迎刃而解。随着时间的推移，我学会了和自己的不适感共处。现在，我积累了大量的教练经验，经验告诉我坚持问下去绝对是上策。我现在可以做到拥抱"未知"。

干净的语言很简单，人类的心智却并非如此。按照我在这本书中所阐明的方法，你可以让客户更快地取得极好的成果。通过练习，你会提升感知客户语言细微差别的能力，以及将客户的注意力引导到他们经验中最突出方面的能力。你的教练工作将变得更省时、更高效，甚至可以成为干净语言的专家。

但你永远不可能成为他人隐喻景观的专家。他们，而且只有他们自己，永远是专家，而你将永远落后一步。你就他们身上发生的事情建立一个朦胧的心理模型，并尽量提出对他们有意义的问题。你永远不会知道"真正"发生了什么，你也永远无法控制事态的发展。但你会体验到不必费心构思聪明的问题或是答案的自由，体验到帮助人们发现他们自己的真相的喜悦。你还将体验到这种方法论的严谨性，它在人们触及核心问题时，既能肯定又能挑战他们。

欢迎来到干净的语言的世界。

玛丽安·卫
2013 年 1 月

在你开始之前

在开始学习之前，思考一下你自己和你喜欢的学习方式。我希望你能从这本书中得到你想要的东西，我也希望我能够以最适合你的样式和顺序来展示这些信息。我还希望我会在你身边，这样，当你有任何不清楚的地方时，你可以问我任何问题。但那是不可能的，所以我想让你先考虑下面这个问题的答案。

读完这本书后，你希望发生什么？

你读这本书的目的是什么？也许你已经很了解干净的语言了，只是想知道是否有一些新的见解可以加深你的理解。或者，你可能对干净的语言还一无所知，你想要"从零开始"学习它。或者这本书是你正在参加的课程的教材，你想要阅读指定的部分来巩固你的学习。思考一下，读了这本书后你希望发生什么，使你从书中获得最大的收获？

当你在最佳的状态学习时，那像什么？

同时，考虑一下你自己的学习风格，以及你怎样才能收获一份最好的学习体验。上面这个问题将帮助你找到一个关于你学习的最佳状态的隐喻，当然，如何回应这个提问，由你来决定。

当**简**处于最佳学习状态时，她的头脑里就好像有一个带着凹槽的金字塔。当她阅读、上课或看视频时，一些小方块会出现在空中，然后它们会插入金字塔的凹槽中。当简平和、安静、专注时，效果最好。简需要找个安静的地方，把书分成几个部分来阅读。

约翰在可以提问时学得最好。随后，他把信息储存在脑子里，就像存在一个文件柜里，方便以后查找。约翰将要在脸书上加入"干净的教练方法"的小组，并将问题的答案写在便利贴上，贴在书的相关页面上。

对**安吉拉**来说，她最佳的学习状态让她犹如沉浸在大海中，对一切都保持敞开。知识填满了她的毛孔，她变得非常轻盈而"充实"。当她回到干燥的陆地上时，她想向他人分享她所学到的东西。安吉拉将从头到尾读完这本书，并计划把她学到的一些东西教给其他人。

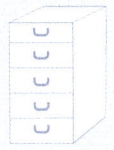

萨姆的最佳学习状态是在她实践或记录自己所学东西的时候。她需要重复练习和记录才会真正掌握所学的东西。她会给自己找一个练习伙伴，并把她学到的东西写在博客上。

想想你希望发生什么，以及你最好的学习状态。这会给你阅读本书的方式带来什么不同？

简 介

> 我们创造了一个环境,让客户可以在这个环境中发现自己想去的方向。客户获得的信息不是由治疗师引入的,而是客户从自己的亲身体验中慢慢生发出来的。
>
> ——格罗夫与帕泽(Grove and Panzer,1989)

什么是干净的语言？

在与客户沟通时，大卫·格罗夫尽量不代入自己的任何假设，从而可以直接与客户的内心世界进行交流。他希望客户在会谈中不仅仅是作出描述，还可以对其所描述的内容有所体验。为此，他设计了"干净的语言"。

"干净的语言"是一组中性的问句，它引用客户的原话，旨在帮助他们专注于自己体验的某些方面。

用"干净的语言"提问时，你只需遵循两个简单的规则：

- 只使用对方的原话；
- 只使用"干净"的问句。

只要使用得当，干净的语言中的任何一个问句，都有可能给客户带来有趣的新观点，或者让他找到一些新的可能性。当你继续用干净的语言探索这些新的可能性时，这很可能给客户带来深远的影响。只是因为回答了几个问题，很多人就会想到特别棒的新点子。干净的问句会让人对自己的经历有不一样的思考，人们常常为自己竟能冒出如此多的新想法而感到吃惊。这些想法不仅赋能，而且很实用，可以给生活带来很大的改变。

大卫观察到，心理治疗师经常会扭曲来访者的话语，他认为这样做会"夺走"来访者的真实体验。于是，他尝试使用可以将这种风险降到最低的问句，这些问句通过密切关注来访者使用的词语和肢体语言，让来访者体会到自己的切身体验得到了充分的尊重。

这并不是说"干净的语言"不会对客户产生影响，否则它就失去了使用的价值。虽然"干净的教练"可能不会发表自己的观点，但他们可以选择关注客户的哪些词语和肢体语言，并会同客户一起明确提问的方向。会谈开始时，提问的方向比较明确，随着会谈的深入，问题的方向则逐渐趋于含蓄。

干净的语言像什么？

干净的语言在经验丰富的干净教练眼中是这样的：

干净的语言像一台独特的电钻，能直达核心。

干净的语言像一次航行，教练带着所有的智慧，带着热爱冒险的尊贵乘客扬帆远航。这次远航，不需要用任何电子设备来预测未来。

干净的语言就像英国电视剧《本恩先生》（*Mr. Benn*）里面的情节，本恩先生在神奇的景观中经历了一场探险，忽然店主出现，本恩先生带着对这段冒险的回忆回归正常生活。

干净的语言如同淘金，你只需知道从哪里开始。

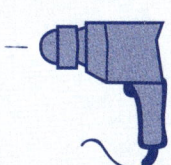

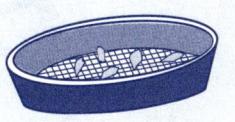

干净的语言如同一个开瓶器，只要用它打开瓶塞，你就可以乐享美酒。

干净的语言是跟顺势疗法、反射法、草本植物疗法一样的整合健康疗法。

干净的语言就像一种支持，因为教练让那些被忽视的信息受到了关注。

干净的语言就像获得了一张个人专属的火车票，可以让人随心所欲地选择自己的旅程。

干净语言的独到之处

了解干净的语言最好的方式之一就是去亲身体验，去做客户，或者参加干净语言的活动。有一次，我参加了一个干净语言的活动。当我和另一位参与者一起练习时，我决定探究一个已经困扰我一段时间的问题：睡眠不足。

大多数晚上，我都难以入睡，或者半夜醒来就再也睡不着了，仿佛脑袋里有一条 8 字形的跑道，思绪会在跑道上飞奔，来来回回、周而复始。

教练开始问我：

当思绪在跑道上来来回回、周而复始的时候，你希望发生什么？

我想要平静一些。

什么样的平静？

我想象的"平静"是一个完全空白的、白色的开阔空间。令我意外的是，回答了几个提问之后，这个空间变成了一张白纸。

那么，那张纸希望发生什么呢？

我感觉那张纸希望把数字 8 切成两半，这样思绪就不能再来来回回、周而复始地跑了。

会谈结束前的几分钟，教练问我："切成两半"有没有可能发生？（我的回答是：可能。）于是，我有了一个当晚就可以尝试的办法。

那天晚上我上床后，思绪仍像往常一样在跑道上飞驰。于是，我试着想象一张洁净挺括的白纸从跑道上切下来。结果还真管用，跑道被一分为二，思绪无处可去，只好停了下来。我睡着了。

通过这个二三十分钟的活动，我得到了一个终身受益的资源。即使是现在，我入睡时，如果思绪开始飞奔，我也会拿出那张想象中洁净挺括的白纸，将轨道切成两半，几秒钟后，我就会进入梦乡。

我在那次工作坊获得的体验，在工作坊结束后还在延续。这种情况发生了好多次。这是我被这种教练方法吸引的原因，也体现了干净语言的如下特色：

- 针对自己独特的困境，我创建了属于自己的独一无二的解决方案。
- 我能想到这个解决方案，是因为教练使用了干净的语言，让我关注到那些描述自身体验的隐喻，并协助我根据当时的情况，创建了一个心智模型。
- 从会谈中逐渐生成的解决方案往往出人意料，我和教练都不可能事先知道会谈会发生什么。
- 解决方案和它出现的方式都很巧妙，也出奇地简单易行。这种从潜意识获得的解决方案，无疑比我绞尽脑汁想到的方法来得更快。
- 解决方案是有效的。

并不是每一次会谈都会发生我前面分享的这种情况，但是对于我和其他几百名教练来说，用这样的方法能够帮助客户取得同样的效果，是一件再平常不过的事情。一旦你能抛开自己的想法、意见和建议，相信你的客户确实拥有一切资源来解决自己的问题，实现自己想要的结果，你也完全可以帮助客户拥有这样的收获！

干净的语言从哪里来？

针对这个问题，显然，最迅速而明确的答案是：干净的语言源于大卫·格罗夫。但他的想法从何而来呢？

大卫有一部分毛利血统，毛利文化有很强的口述传统，他们重视故事，而且要记住故事以及故事中使用的词语。大卫还曾经接触过顺势疗法，以及要将干预降至最低的理念：

> 干净语言的本质是顺势疗法；
> 我们在摸索能勾起好奇心的最精炼的语言。
> ——大卫·格罗夫，1998

大卫所学的专业是科学和工商管理。1978年，他开始对神经语言程序学（NLP）产生兴趣。

1996年，大卫在接受劳利和汤普金斯的采访时说：

> 起初，我对心理治疗方面并不感兴趣，只是想把NLP做成生意。有一次，我去参加一个NLP工作坊，他们跟我说："哎呀，不好意思，来的人不够多，你得加入另一个（治疗）小组。"正是这个意外让我第一次对恐惧症、创伤产生了兴趣。

在这次采访中，大卫提到自己被NLP的理念所吸引的原因：

> 你可以去体验，找到它的结构，如果你改变它的结构，就会改变体验本身。

在此期间，大卫受到著名治疗师卡尔·罗杰斯（Carl Rogers）、维吉尼亚·萨提亚（Virginia Satir）、米尔顿·埃里克森（Milton Erickson）和人类学家格雷戈里·贝特森（Gregory Bateson）的影响。

到20世纪80年代初，他已经远离了NLP，并通过受训成为一名临床心理医生。他使用埃里克森催眠法和策略性家庭疗法（Strategic Family Therapy）治疗创伤患者。他发现，当创伤患者重新讲述自己的故事时，患者通常会再次受到创伤。于是，大卫开始尝试，对客户在描述他们的经历时自然而然地使用的隐喻进行提问。隐喻通常在无意识的层面上运作。大卫发现，通过对隐喻的关注，人们可以获得更深层次的具体化体验：体验自己的思维结构、影响自己生活的模式以及内心的真相。到了20世纪80年代中期，大卫已经积累了足够的知识和经验。1989年，他与巴兹尔·帕泽（Basil Panzer）合著了《消除创伤性记忆》（*Resolving Traumatic Memories*）一书，书中对干净的语言进行了广泛的论述。

在2012年"干净大会"的主题演讲中，赛·戴维斯·林（Cei Davies Linn）提到，大卫还受到了以下人物的影响：家庭治疗师卡尔·惠塔克（Carl Whittaker）和萨尔瓦多·米纽庆（Salvador Minuchin），生物学家和哲学家温贝托·马图拉纳（Humberto Maturana）和弗朗西斯科·瓦雷拉（Francisco Varela），语言学家诺姆·乔姆斯基（Noam Chomsky），精神病学家R.D.莱恩

（R.D. Laing），哲学家路德维希·维特根斯坦（Ludwig Wittgenstein），以及剧作家威利·罗素（Willy Russell）。

达法尼·古德史密斯（Dafanie Goldsmith，2008）在给大卫的悼词中写道：

> 他前卫而创新的方法全面吸取了生活中各方面知识的营养，包括：系统理论，物理学，文学，希腊文明，航空与互联网。大卫将这些思想融入自己的工作中，并融会贯通，形成了这种令人称奇的新方法。

大卫从小就喜欢彼得·潘的故事。当读到这个故事的第一章时，我因"梦幻岛"和"隐喻景观"如此相似而震惊了（以下摘自《彼得·潘》）：

> 你见过一个人的内心地图吗？医生有时会画出你身体其他部位的构造图，但你自己画的图可能会有趣很多。如果试着让医生去画一幅孩子的内心地图，那他可能不只是一头雾水，还可能会绕来绕去。那里有犹如体温曲线一样弯曲的线条，在梦幻岛上的道路也许就是这样的。梦幻岛几乎都有一个小岛，处处流光溢彩，令人称奇。你可以看到珊瑚礁和海面上俏皮的小船，岛上住着野人；有荒凉的巢穴，更有小矮人裁缝们；还有很多洞穴，一条河从中流过；有王子和他的六个哥哥；有一间快要腐烂的木屋；还有一个长着鹰钩鼻的小老太婆。如果仅仅如此，那这幅地图也不难画。还有呐，第一天上学的日子、宗教、父亲、圆形池塘、刺绣品、谋杀、绞刑、复杂的语法、吃巧克力布丁的日子、戴牙套、数到九十九、自己拔牙给三便士，等等。这些要么是岛屿的一部分，要么是画成另一幅地图了。这真让人糊涂呀，尤其是地图里的所有东西都还在不停地变动。
>
> 当然，每人的梦幻岛千差万别。比如约翰的梦幻岛里有一个潟湖，湖上有火烈鸟飞过，约翰正在向火烈鸟射击。而迈克尔年纪很小，他的梦幻岛有一只火烈鸟，很多潟湖从火烈鸟上飞过。在梦幻岛里，约翰住在一艘倒扣在沙滩上的船里，而迈克尔住在一个小窝棚里，温迪住在用树叶精心缝制的房子里。约翰没有朋友，迈克尔晚上有朋友做伴，温迪有一只被父母遗弃的小狼。但总的来说，这些梦幻岛很相似，就像一家人都长得很像一样，如果他们站成一排，你会看到他们的鼻子如出一辙，诸如此类。

——詹姆斯·巴里（James M. Barrie），1911

简 介 23

干净的语言在教练中的应用

和许多其他的心理治疗方法一样，干净的语言也进入了教练领域。

彭妮·汤普金斯和詹姆斯·劳利效仿大卫的做法，并将干净的语言应用于心理治疗之外的领域，这也为教练们使用这个强有力的技术铺平了道路。此后，他们于2006年设计了困境—解药—结果（Problem Remedy Outcome，P. R. O.）模型，应用这个模型，教练可以协助客户把注意力集中到他们想要的结果上。这是教练活动的一个重要特色，也是大家熟知的教练活动区别于心理治疗活动的地方。

另一位推动干净的语言在教练中应用的人是凯特琳·沃克。她历经数年开发了适用于个人和团体的干净教练活动。她将"干净的语言"引入利物浦约翰摩尔斯大学（Liverpool John Moores University），并使之成为教练和辅导硕士学位课程的支柱内容。她还与南希·道尔（Nancy Doyle）为"领导力和管理学院"（ILM）创建了以"干净的方法"为基础的教练和辅导项目。

教练协会（Association for Coaching）也悦纳了干净的教练方法。英国委员会的两名成员安吉拉·邓巴（Angela Dunbar）和卡罗尔·威尔逊（Carol Wilson）在干净社群中德高望重，在大卫去世前，他们曾与他密切合作，使干净的教练方法得到了进一步发展。

无论你的教练对象和专长是什么，用干净的语言都会让你的实践水平得到提升，也会让客户获益匪浅。因为干净的语言是中立的，所以，不管你的客户背景如何不同，他们渴望的结果有多么不一样，都可以运用干净的语言获得成效。

内德·斯克尔顿（Ned Skelton）用干净的语言对英国超级公开赛的龙舟队进行了团队教练。龙舟队在他的帮助下，针对不同的情境发展了不同的隐喻：比赛开始时、整场比赛过程中、找到训练动力以及如何进入心流状态。

> 这让我们获得了一种交流的语言，可以和每个队员谈论培训和比赛的方方面面，而以前我们没有这样的语言。
>
> ——内德·斯克尔顿，2005

当谈及诸如恐惧、焦虑、决策和创造力这样难以形容的内在状态时，干净的语言效果尤为显著。

2006年，商业教练迈克·达克特（Mike Duckett）用"干净的语言"给大英帝国勋章获得者、厨师兼餐厅老板赫斯顿·布鲁门塔尔（Heston Blumenthal）做教练，让他发展出了"糖果店里的小孩"这样的隐喻。他的"糖果店"有一个老式的门铃，只要有人进来，门铃就会响起来；店里装满了一罐又一罐的各式糖果，甜香四溢；他在店里走来走去，一边掀开糖果罐的盖子，一边摸着口袋里沉甸甸的硬币，那种好奇、激动、期待的心情栩栩如生。

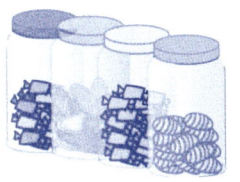

在这次充满创意的教练过程之后，布鲁门塔尔决定把自己的厨房安在大名鼎鼎的肥鸭餐厅，而为了唤起每位食客兴奋、好奇的心情，整个用餐体验就像他心里的"糖果店"。

> 对"糖果店"这个隐喻的探索，在很多层面上都收获颇丰。一开始它激发了我的创造力，这个创造力进而帮助我们用隐喻提升了客户的用餐体验。
>
> ——赫斯顿·布鲁门塔尔，2006

> 我协助客户用干净的语言，生成式地进行自我建模，因为他们在这个过程中收获很大，业绩也因此得到了提升。同时，干净的语言为我提供了遵循以下教练原则的方法：我的客户才是专家，而我要尽可能少地对他们的内心世界横加干涉。
>
> ——迈克·达克特，2006

当我问及干净的教练最大的好处是什么时，教练们往往会提到以下这个教练原则：

> 它能保证我不把自己卷入其中，会谈目标是客户的，不是我的。我喜欢这样的自律。
>
> ——谢丽尔·安德鲁斯（Sheryl Andrews），教练

> 别人告诉我，每个人都拥有所需要的一切资源，我对此深信不疑，直到学习了干净的语言，我才找到了一种可以帮助人们获得这些资源的方法。
>
> ——贝弗·马丁，教练和 NLP 培训师

当然，客户通过干净的语言所获得的益处实际上并不只是因为纪律或信念，而在于客户把它们付诸行动后取得的结果。虽然收获因人而异，但总体而言，客户在一个干净的教练过程中所产生的想法，总是最"适合"自己的，所以他们可能在教练结束后更有动力付诸行动，或者乐于换一种方式来看待这个世界。

通常，当潜意识的模式受到有意识的关注时，一个显著的转变就会发生。干净的问句都是用"现在时"来提问的，很快，客户的隐喻就会变得"鲜活"起来。客户在会谈的房间里就能开始实践他们所描述的模式；如果转变发生了，会谈的那个当下转变就已经开始了。这一变化被彼得·霍金斯和尼克·史密斯（Peter Hawkins and Nick Smith, 2006）称为"蜕变"。

几年前，我认识了一位教练，他对干净的语言特别好奇，想知道它对客户有什么帮助。于是，他就教客户一些可以在会谈后持续使用的模型，因为他担心客户虽然在一个干净的教练会谈中可能会体验到转变，但在会谈后却没有可以带走的工具或模型以备将来使用。

我描述了那张有象征意义的帮助我入睡的纸（第20页），以及看到一棵树（序言中提到的花园里）如何让我发现了自己的人生目标。这些虽然是我自己的模型，并不是他头脑中的模型，但我相信，将来他一定会发现这些模型的价值，不管是他做教练时，还是他作为源源不断的资源时。

持久的转变

虽然在教练会谈中，转变就可能已经发生了，但在客户回到日常生活之前，我们实在无从得知转变所带来的影响到底如何。所以，我采访了一些人，以便了解干净的教练对他们的长远影响究竟有多大。

艾利森（Allison）对创业的隐喻，开始是涓涓细流，渐渐变成一条小溪，然后汇成一条奔腾的大河。这个隐喻不断提醒她，创业是一个逐渐成长、慢慢积蓄动力的过程。她说：

> 我喜欢涓涓细流、小溪、大河的隐喻。它给我一种温暖的感觉，因为水是温暖的，阳光洒在上面，水从大大小小的石头（也就是拦路石）间轻轻流过。那次会谈已经是一年前的事了，对那个隐喻的回忆帮我坚持到了今天，我知道自己在慢慢积蓄力量，这样的感觉让那段创业的日子变得格外美好。

艾琳（Aylin）感觉她的工作和生活都陷入了困境。在一次干净的教练会谈中，她引申出一个海洋、波浪和锚定当下的比喻：

> 我一直不知道这个隐喻的真正含义，直到有一天，我好不容易完成了辛苦的工作，坐在海边欣赏海浪和海豚。这时，一位女士从我旁边走过，她的两条小腿后面都纹了一只"锚"。这让我意识到，人只要对外界保持关注，就不会陷入困境。这份活在当下的思考，促使我参加了一个正念课程。即使事情并没有像我希望的那样，前途依然不明朗，但自从上完那次课之后，被困的感觉消失了；相反，我开始冥想、散步、跑步，要不就坐在海边，为生活而欣喜雀跃。

彭妮（Penny）在描述自己的"内在力量"时，构建出这样一个有能量的隐喻：就像身体里有一根矩形管，这根管子下面的三分之一装满了蓝色的液体。她说：

> 这么多年来，这根矩形管一直留存在我的意识里，但多年后我才看到它真正的力量，那时我剑拔弩张，到了一个危险的边缘。当我沮丧的时候，也不知怎么地，我忽然感觉那根矩形管就在我的身体里，我能感受到管底那三分之一的蓝色液体，简直就像"压舱物"似的，稳稳当当。这让我的心安定下来，呼吸也变慢了。当我

> 站直身体，双脚稳稳地踩在地面上后，我才发现自己的姿势和以前不一样了。我虽然还是小心谨慎，但很坦然，与此同时，周围的情况也开始悄悄变了，于是，我便转身离开了。
>
> 只要一想到我的矩形管，那种自我肯定感就回来了，这种肯定感时强时弱，取决于当时的情况。

除了大量实例显示，干净的语言和象征性建模可以取得良好的（教练）效果外，凯特琳·沃克和菲·罗宾逊（Fe Robinson）还展示了这种方法所带来的可量化的结果。

凯特琳·沃克 2010年与利物浦约翰摩尔斯大学合作，以干净的语言和干净的原则为基础开发了一个教练项目。教师们希望开创一种"学会如何学习"（learning to learn）的文化，让学生们相互充当同侪教练，从而充分利用彼此的大学时光。

这一过程需要与教职员工和学生一起寻找会影响学生学习动机的不同课题（例如以最佳状态学习、时间、作出正确的决策、动机和灵感），然后将这些课题和干净的问题以及其他一些简单模型一起编入学习手册，并开始实施这个项目。

项目实施之前的5年里，49%的学生获得了最高学位之一（比例是2∶1或以上）。在第一批完成该项目的学生中，73%的人达到了这一标准。至今，这一比例已经保持了3年，证明了学习文化变革的持续性。

2012年，**菲·罗宾逊**对工作中面临快速变化及不确定因素的人群进行调查，来测试干净的语言和象征性建模是否会对员工的幸福感产生影响。她使用Ryff心理量表进行了幸福感测试，其中包括自我接纳度、与他人的积极关系、自主性、环境掌控、生活目标和个人成长等子量表。参与者被分为三组：

- 对照组——无介入；
- 一对一的象征性建模会谈，为时60分钟（议题：最佳组织变革）；
- 90分钟的工作坊，学习和练习使用干净的问句（议题：最佳组织变革）。

一周后，她再次进行测试。结果显示，接受一对一教练的那组受试者的"自主性"分数有了显著提高。

最终测试在12周后进行。此时，接受其中一项干预措施的两个小组在"环境掌控""个人成长""总体幸福感"三个方面的平均得分都明显较高，而对照组的总体幸福感则有所降低。

这说明，干净的语言和象征性建模确实可以抵消实施变革所带来的消极影响。

什么是象征性建模？

NLP 培训师彭妮·汤普金斯和詹姆斯·劳利看到大卫·格罗夫的工作成果后很好奇，想知道他是如何取得这些神奇成果的。他们花了几年时间观察大卫的工作，与他交谈，成为他的客户，并分析他的会谈记录。

他们这样做是希望建立一个模型，可以传授给更多人，让他们获得与大卫相同的成果。他们也希望这个模型能够应用到心理治疗之外的领域。

他们将自己在认知语言学、系统思考和 NLP 的理念与大卫的思想相结合，建立了一个模型，并把这个过程称为"象征性建模"，其定义如下：

> 象征性建模是一个流程，它利用干净的语言，帮助人们发现自己的隐喻是如何表达自己在这个世界上的存在方式的。
>
> ——劳利和汤普金斯，2000

象征性建模有四个要素：

- 干净的语言——工具（你在做什么）
- 建模——方法论（你使用的流程）
- 隐喻——媒介（你用什么建模）
- 结果导向——动机（你建模的目的）

彭妮和詹姆斯希望通过 NLP 建模技术，找到大卫取得极佳效果的原因。这里，建模是指发现一个人是如何做事的，然后制作出某个物品，例如一本书、一张图表、一个三维模型。这个物品省去了不重要的细节，向人们解释这个人的做事过程。

他们建模是为了回答一些与大卫的做法相关的问题：

1. 他在做什么？
2. 对于他正在做的这一举动，客户的反应如何？
3. 我们注意到 1 和 2 之间有什么样的模式？
4. 我们预测他的下一个提问的准确率有多少？

彭妮和詹姆斯提出了一个名为"象征性建模"的模型，该模型结合了干净的语言。你在学习这个模型的时候，就是在学习建模的艺术：

> 建模经历了一个闭环过程。从给治疗师建模开始，到现在治疗师用它来为客户的行为模式、思维策略和隐喻建模。
>
> ——劳利和汤普金斯，1997

隐喻：
媒介

干净的语言:
工具

建模:
方法论

结果导向:
动机

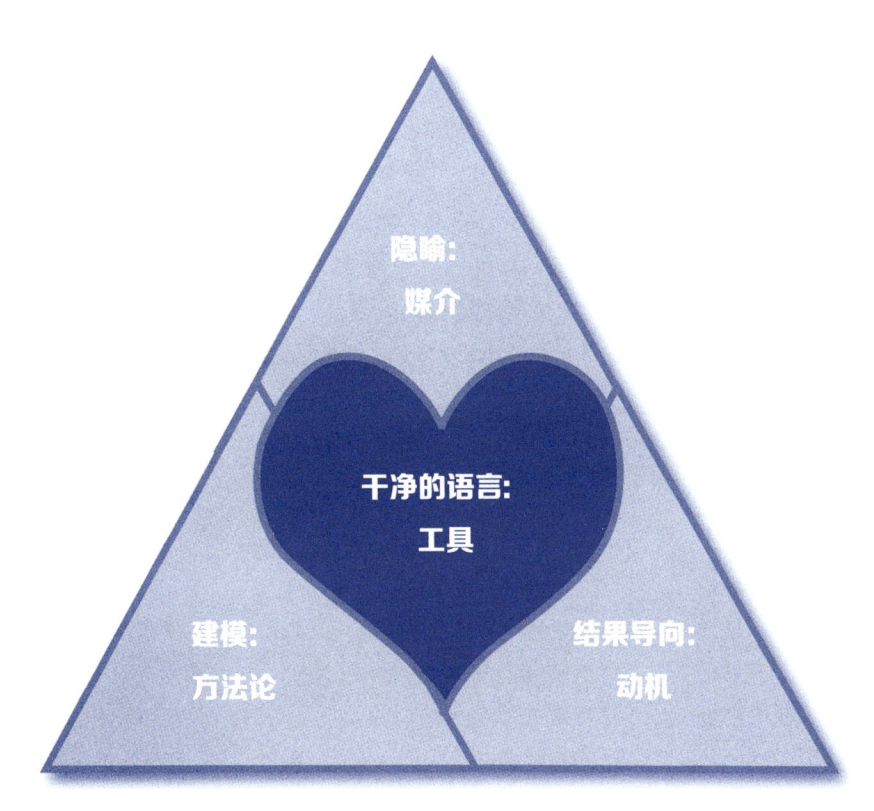

象征性建模的要素

象征性建模如何生效？

象征性建模是自下而上对人的模式进行建模，而诸如 16 种 MBTI 类型或者人际沟通分析理论（Transactional Analysis，提出父母、成人、儿童模式），是自上而下地对人的模式进行建模，例如把人分成几类，然后把客户归入其中一类。开展象征性建模时，教练会从一张"空白画布"入手，帮助客户描绘一幅图景，展现其与众不同的独特模式。客户的种种模式都会从各种信息中脱颖而出，而信息无须符合任何预设模式。象征性建模的工作原理如下。

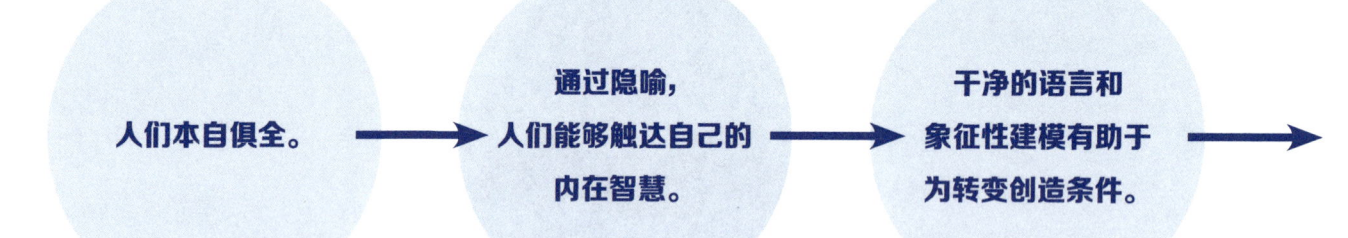

人们本自俱全。 → **通过隐喻，人们能够触达自己的内在智慧。** → **干净的语言和象征性建模有助于为转变创造条件。** →

这是象征性建模的基本前提：人天生具有创造性，足智多谋，并拥有内在智慧，只是他们有时候不知道如何触达这份智慧。

客户的智慧在其身心系统当中，通常在无意识的层面，他们自然使用的那些隐喻（语言的隐喻和非语言的隐喻）提供了一条内在智慧的"入门路径"。大卫·格罗夫在 1989 年说过，隐喻是人类"处理信息的首要语言"。

教练使用干净的语言和象征性建模帮助客户为其个人体验建模——且完全无意改变那份体验。这种矛盾的方式却能有效创造转变发生所需的条件。

新见解和新想法自然涌现。

转变是象征性建模过程中自然生成的副产品。

影响要以后才为人所知。

当客户获得更多与自己的思考方式和感受方式相关的信息后，新的见解、新的创意、新的想法就会自然涌现，它们被视为新的知识。

涌现（emergence）是指：系统内各部分的相互作用产生了"整体大于部分之和"的结果。沙丘的形成、彩虹的出现、蚁群的运作和婴儿的出生都是涌现的好例子。

转变是象征性建模过程中自然生成的副产品，尽管我们不可能预知转变何时会发生或是否会发生。我们如果试图"强迫"转变发生，很可能就会让客户分心，而且让转变发生的可能性变得更小，而不是更大。

尽管整个象征性建模过程的设计是为了引发转变在会谈的当下发生，但只有等客户回到现实生活中，教练的效果才可能体现出来。如果转变没有发生或没有"站住脚"，那只不过说明客户的系统中还有更多部分需要建模。

转变所需的条件

如果干净的语言和象征性建模有助于创造转变所需的条件，那些条件是什么？教练如何支持这些条件的生成？

在每个人的隐喻景观中，需要发生什么，这是因人而异的，但是，许多常见的"迹象"可以让你知道客户正受益于你的所作所为。这些常见迹象就是客户的如下表现：

- 乐于回应你的提问；
- 越来越投入于自己的建模过程中，关注自己身上正在发生什么；
- 生成了一个鲜活的景观，他们对这个景观充满好奇，也可能对其发表评论。他们可能对正在发生的事情感到很惊讶；
- 以话语或手势表明他们正获取新的信息，而且发现这个过程是有益的；
- 具身化表达或演绎自己的隐喻——例如，用手势表明自己所感知到的空间，在当下就把自己的隐喻生动地表现出来。

除了坚持使用干净的语言，你还可以做很多事情来创造转变所需的条件：

- **意图**：你的首要目标是鼓励客户去发现自己希望发生什么，激励他们一直投入在自己的象征性建模过程之中。此外，你的每一个提问背后都有一个意图，这也很重要。
- **接纳**：客户的每一个回应都是其生于此世的一种表达方式，干净的教练会尊重这一点。虽然你将使用中性的语言，但你要积极欢迎所有答复，不仅欢迎那些"好"的答复，也欢迎那些"坏"的答复和"丑"的答复。这会鼓励客户开放地面对自己，也开放地对待你。
- **聚焦隐喻**：通过引导客户关注隐喻，并帮助他们在身体内部和身体周围为隐喻定位，你会提升客户心理的活跃程度，鼓励其对隐喻进行具身化表达。
- **区分**：建模是为了作出区分。你要选择客户使用的个别单词和手势，并将其发展为独立的象征性符号和隐喻，每个象征性符号和隐喻都有自己的空间。这会让客户有机会观察自己的各种模式，这也是另一种形式的区分。
- **迭代**：迭代是指将一个过程的终点作为下一个过程的起点，也就是要着眼于当下，随时更新你的模型，并基于最新的模型提出合乎客户逻辑的问题。迭代也让建模过程中不断发生叠加（而不会拿走任何东西），因此景观不断发展，客户也随之不断获得新的见解。
- **校准**：确认客户是否沉浸在自己的建模过程中，景观是否正在变得鲜活起来，他们是否正在具身化表达或表演自己的隐喻。如果你的做法不奏效，你就要调整。

意图	接纳	聚焦隐喻
区分	迭代	校准

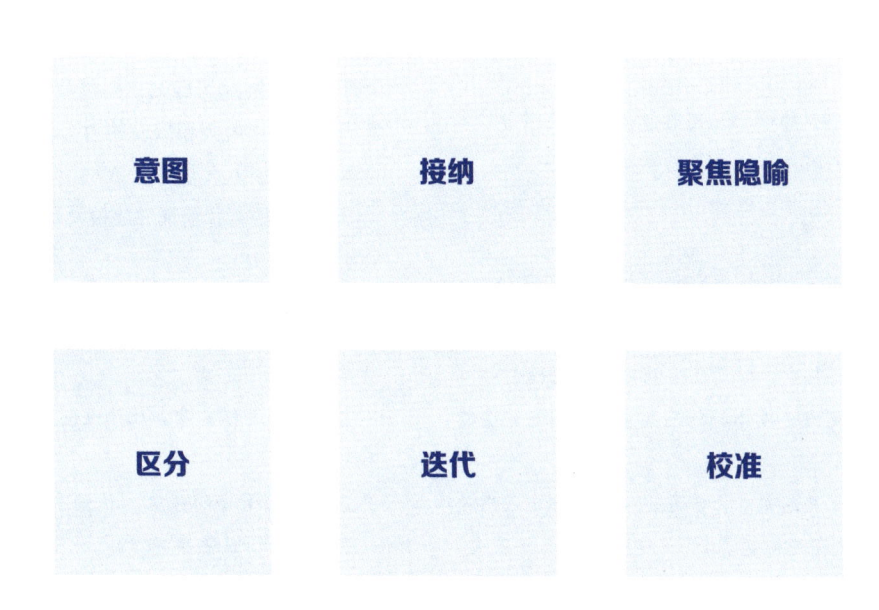

六种创造转变发生所需条件的方式

与模糊性共存

你可能想知道：如何做到既好奇又中立？如何在帮助客户为自己的行为方式建模的同时，你还能帮他区分自身体验的不同方面？

以上两个例子说明象征性建模的方法可能具有模糊性。其他方法还包括：

- 你会接纳客户所说的一切，同时使用干净的问句鼓励客户以批判性的眼光审视自己的模型；
- 你无法让转变发生，但你可以为转变的发生创造条件；
- 如果你刻意让转变发生，客户很可能会感觉到，他就会分心，而分心本身就会减少转变发生的可能性；
- 相反，你干预得越少，转变发生的可能性就越大；
- 任何隐喻都会突出一段体验的某些方面，同时也会隐藏其他方面；
- 你要积极欢迎客户的每一个答复，同时，你自己则是"我……应该没有任何存在感"（这句话出自格罗夫，由劳利和汤普金斯在2004年引述）；
- 当你忙于更新自己在头脑中为客户建构的模型时，你可以提出符合逻辑的提问，但你必须谨记，你永远无法真正了解该模型，而且你得学会"坦然面对未知"（劳利和汤普金斯，1997）。

这些模糊性的存在不是要和你过不去，而是反映了这样的现实环境：客户模型中的世界往往是复杂而"模糊不清"的。很多词语是模棱两可的，即使像"房子"这样的词也有很多含义，你很难确定它的"边界"在哪里。客户不可能完全符合我们制定的准则，如果我们创建了一个充满规则和假设的教练体系，总会出现不合规的客户，那该怎么办？

这是房子吗？

干净的语言和象征性建模就是为了应对这种矛盾：

- 干净问句的设计兼顾了好奇心和中立性。
- 这些问句能让你顺利推进建模过程，又不被卷入景观当中。
- 这个建模过程本身会让你做到既接纳又挑战，既区分又建构。
- 坚持使用干净的语言，这份自律会让你把自己的想法、建议和假设都留给自己，而不会强加给客户。
- 如果你预料到在解决某一特定问题时可能会发生什么状况，你可以用干净的问句来验证你的假设。你要让客户感受到每一个问题都是好奇的提问，这样，他们在任何时候都不用猜测你"想要干什么"。如果一系列的提问都没有成效，你可以轻松提出另一系列的问题，这样做不会有什么坏处。

久而久之，你处理模糊性的能力会越来越强，进而你建模的能力也会越来越强。

当我在做本书内容的培训时，学员常会以"如果"开头向我提问：

- 如果客户没有说出任何隐喻，怎么办？
- 如果客户无法回答我的提问，怎么办？
- 如果我针对"蓝色"提问，客户却告诉我与"绿色"相关的事情，怎么办？

过不了多久，大家就会知道，我的答复总是以"看情况"来开头。这是因为这些提问都很笼统，回答完全取决于客户个人的情况，取决于当时的情况。我总是说，为了节省时间，我要给自己买一件印有"看情况"的T恤，回复学员的时候，我只要晃一下这件T恤就可以了。

针对这类问题，基于自己多年的经验，我会提供一个黄金法则。例如，我发现，选择针对哪个单词、短语、符号或隐喻来提问，比选择哪个干净的问句更重要。

另一个黄金法则是针对在教练会谈中出现的隐喻来提问。如果客户好像不接受这个提问，我会暂时放下那个想法，转而问一些我认为符合其逻辑的问题。

这就像在玩桥牌游戏时我要决定出哪张牌：无论何时，我都会选让我和搭档有更大胜算的那张牌。对我来说：

- 针对隐喻提问好过针对概念提问；
- 提出一个符合客户逻辑的问题可能好过针对一个隐喻提问；
- 坚持使用干净的提问好过使用其他类型的提问；
- 向客户提问好过告诉客户该做什么。

这本书介绍了许多想法和模型，它们帮你决定在某个特定情境下提出哪个问题；但看起来再"清晰"的模型，在边界上也会有点模糊或非常模糊。因为你是在建模，而万能的模型是不存在的。在会谈开始的时候，你的头脑中并没有模型，而是通过提问帮客户逐渐发现自己的模型是如何运作的。

学习象征性建模

我已经介绍过迭代的概念，迭代是一种机制，用于创造转变所需的条件。设计一个教练产品或一份教练提案就是一个迭代的过程：先做一份初稿，获得一些反馈，然后根据反馈修改初稿，再获得更多反馈，再继续修改，如此反复，直到你认为可以结束。

迭代的想法可以用一个简单的图来概括。

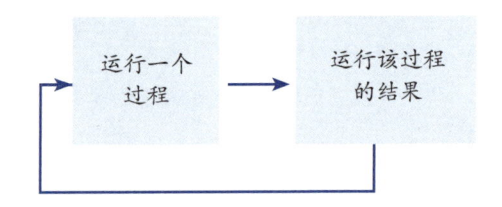

运行一个过程 → 运行该过程的结果

学习干净的语言和象征性建模也是一个不断迭代的过程。通过每一次迭代，新学的东西不会取代你过去所学的东西，而是在其之上添砖加瓦：

- 一开始，你只要倾听。如果你的倾听做得很好，客户就会获得被听见的体验。这个体验是非常有价值的，也是象征性建模的基础。
- 当你开始用干净的语言提问时，很重要的一点是让客户仍然感觉到你的全然关注。这时候，你就可以帮他们细致地探索自己的想法了。
- 随着练习的深入，当你更擅于区分时，你就能够更熟练地引导客户的注意力，他们也会获得更多见解和想法。
- 当你能够根据客户的情况使用相应的干净问句，并可以带着清晰的意图提出每个问题时，你就能够引导客户去发现如何获得客户自己渴望的结果。
- 当你有了更多的实践和技能时，你就能够（站在客户的视角）针对客户的实际情况构建出一个比较精准的心理模型，并从该模型出发进行提问。当客户开始自我建模的时候，你需要做的就更少了。

达到这个程度，你就能够收到其他教练模型不可能收到的效果，例如：

- 处理客户所面临困境的模式，而不是处理他们带到教练会谈中的具体事件；
- 进入"更高维度"的状态或灵性状态；
- 处理束缚和双重束缚；
- 与那些内心地图异于常人的人进行会谈。

只是把本书读了一遍，你不可能持续做到以上这一切。你需要反复读这本书，或者把它当作一本手边的参考工具书。实践至关重要，从同事、督导或导师那里获得反馈也非常重要。如欲了解更多信息，请访问 www.cleanapproachesforcoaches.com。

教练

使用完整的象征性建模过程，创造转变所需的条件

在模式层面工作；帮助客户转化束缚和双重束缚；帮助客户进入灵性状态；与那些内心地图异于常人的人进行会谈。

自我建模

每一个提问都有一个清晰的意图

获得新的见解

引导客户的注意力

发现

使用干净的问句提问

探索

客户

倾听

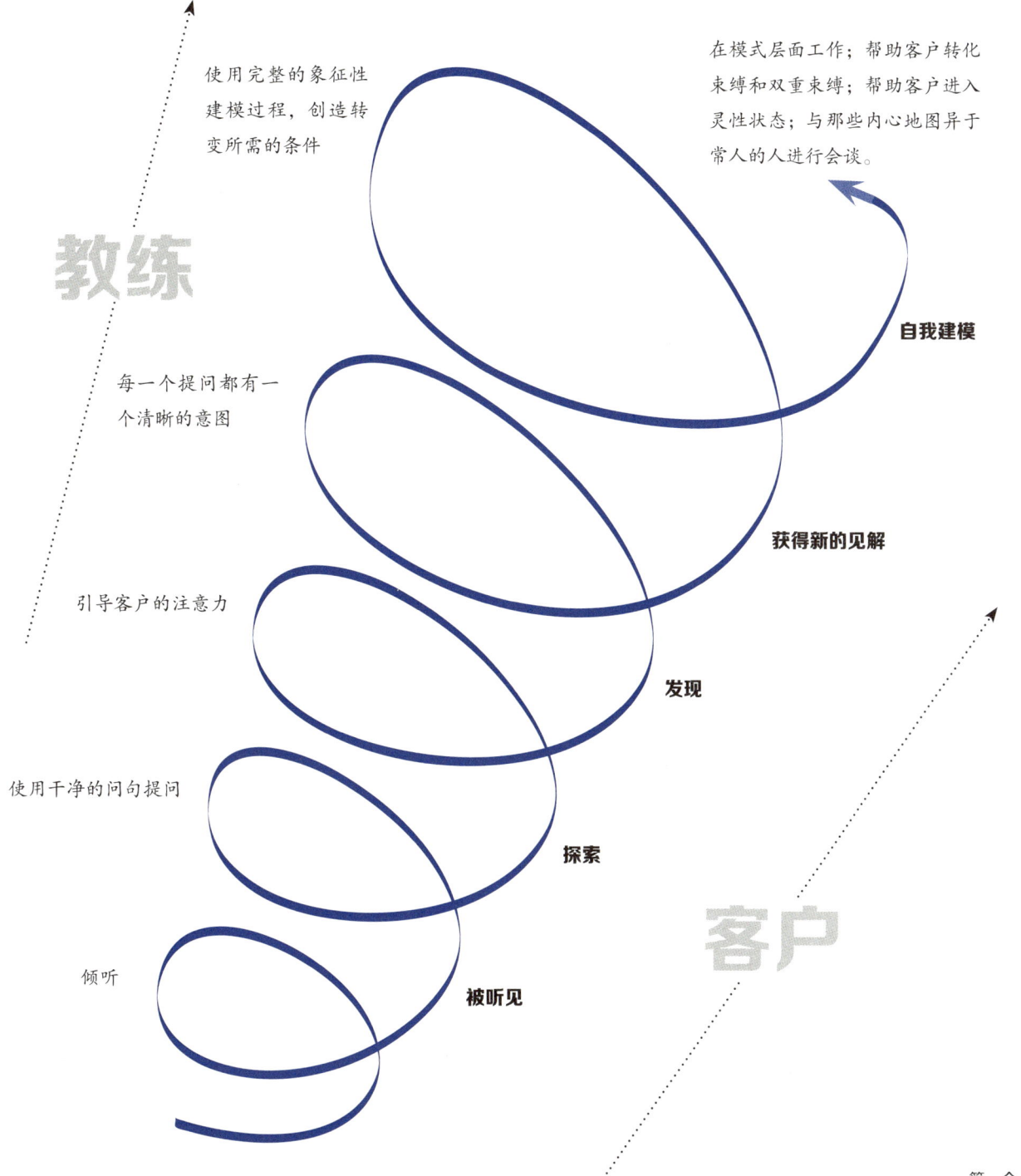

被听见

本书的结构

现在就让我们开始学习干净的语言和象征性建模吧！我尽量让本书的内容体现我使用这些内容的方式。比如本书接下来的内容会被分成一次次"迭代"，而不是一个个"章节"，就是希望以此提醒你：迭代是干净教练的特点，也是学习的本质。

在第一次迭代开始之际，我假设你只了解倾听和记忆的基本概念。我希望帮助你从最基础的地方开始学习，自下而上地逐渐建立对干净的语言和象征性建模的全面认识，就像你要自下而上地搭建模型来体现客户的内心世界。这意味着我不会马上就给你提供一个关于干净的教练会谈的"典型"概述。这可能不符合你的学习风格，所以如果你等不及了，请随时跳到后面：第54-55页"大卫·格罗夫的干净问句"，第108-109页"一次教练会谈的概览"。（目录里特别突出了这两个部分，以便你快速找到它们。）

第一次迭代：倾听和语言

干净的语言就是倾听客户，认可他们所说的内容，并引导他们关注自己说的某些方面，然后提出一个问题，帮助他们发现更多。我们需要重复这样做。所以，在第一次迭代部分，我会稍微详细地介绍上述每一点。就像学习任何一种语言，你需要先了解语法，学习一些词汇，知道一些关键短语，然后才能开始和别人交谈。

第二次迭代：隐喻

每接触一位新客户，你就会学习一种新语言：客户的语言。当你限制自己只能使用客户的原话、提出干净的问句时，你很快会发现自己进入了一个陌生的领域。所以，在第二次迭代里面，我开始为你提供一些路标，告诉你让客户去聚焦哪类单词和短语是有用的。

这些路标一般是人们用来描述自身经历的隐喻。隐喻在思考过程中发挥的核心作用超乎你的想象。在这个迭代里面，你将学习如何识别隐喻、如何发展隐喻，从而让每个象征物都获得一个名称、一种形状，尤其重要的是确定其所在的一个位置。

第三次迭代：处理结果

在这个部分里面，你会看到所有这些内容如何开始融为一种教练的方法——帮助他人朝着渴望的方向努力前进。做到这一点的关键是能够帮助他们专注于自己渴望实现的目标，而不是专注于自己的困境。这就意味着你会影响客户探索的过程，并有意引导客户关注自己想要的结果，而不是关注自己所面临的困境。这个部分的内容会帮助你区分困境、结果和"解药"（人们想要不做或少做的事情），并明确指导你针对每种情况使用什么样的问句。

第四次迭代：相关性

前面的几个部分都是介绍如何"区分"问题与结果、隐喻与概念，并探讨每个独立的部分。这个部分会介绍不同象征性符号之间如何相互关联，以及建构隐喻景观的底层结构是什么。

在这个部分，我还会带你去"幕后"看看空间和时间在我们的生活中扮演了什么角色。这两个概念为我们的思考提供了背景，却常常被忽视。当我们去观察它们，并将象征性符号在"空间"和"时间"方面联系起来时，空间和时间就回归为背景。但是，你需要先找出哪些语言线索能让你分辨这些关系，并找出哪些干净的问句能帮你聚焦这些关系。

第五次迭代：转变

有时候，构建一个隐喻景观需要一点时间。有时，你可能很想放弃这个过程，或者想跳过这个过程，立即询问客户实现其目标需要发生什么。千万别这么做！隐喻景观为深刻而有力的转变提供了一个大环境。在这个部分里面，我会引导你了解可能表明转变即将发生的各种语言和非语言信号，以及如何创造这种转变所需的条件。转变可能比你想的更快发生。

阅读本书时，你会发现，象征性建模的迭代性越来越明显。当转变发生时，客户会识别渴望的结果，发展象征性符号，在空间和时间上找到关联性，从而构建出其景观的逻辑模型。你会开心地发现这并不需要什么新的过程，只要应用所学内容就可以帮助客户不断进步，扩展与酝酿各种转变，并巩固其建构的新景观。

第六次迭代：应对束缚

在你的帮助下，经过五次迭代，绝大多数客户都会收获自己渴望的结果。第六次迭代会关注没有任何转变的个别客户，这些客户好像被"束缚"住了。我会通过一些信号告诉你束缚会什么时候出现，以及这时你应该怎么做。

在这个过程中，你会学习如何开始和结束一次教练会谈，可以给客户布置什么作业。理论讲解都配有真实的会谈记录，以便让你看到理论应用于实践的过程。

> **练习**
>
> 如果可以的话，在读这本书时，找个人和你一起练习，你会从中收获更多。请访问 www.cleanapproachesforcoaches.com 了解有关信息或寻找练习伙伴，并在阅读过程中留意类似的"练习"框里面的内容。

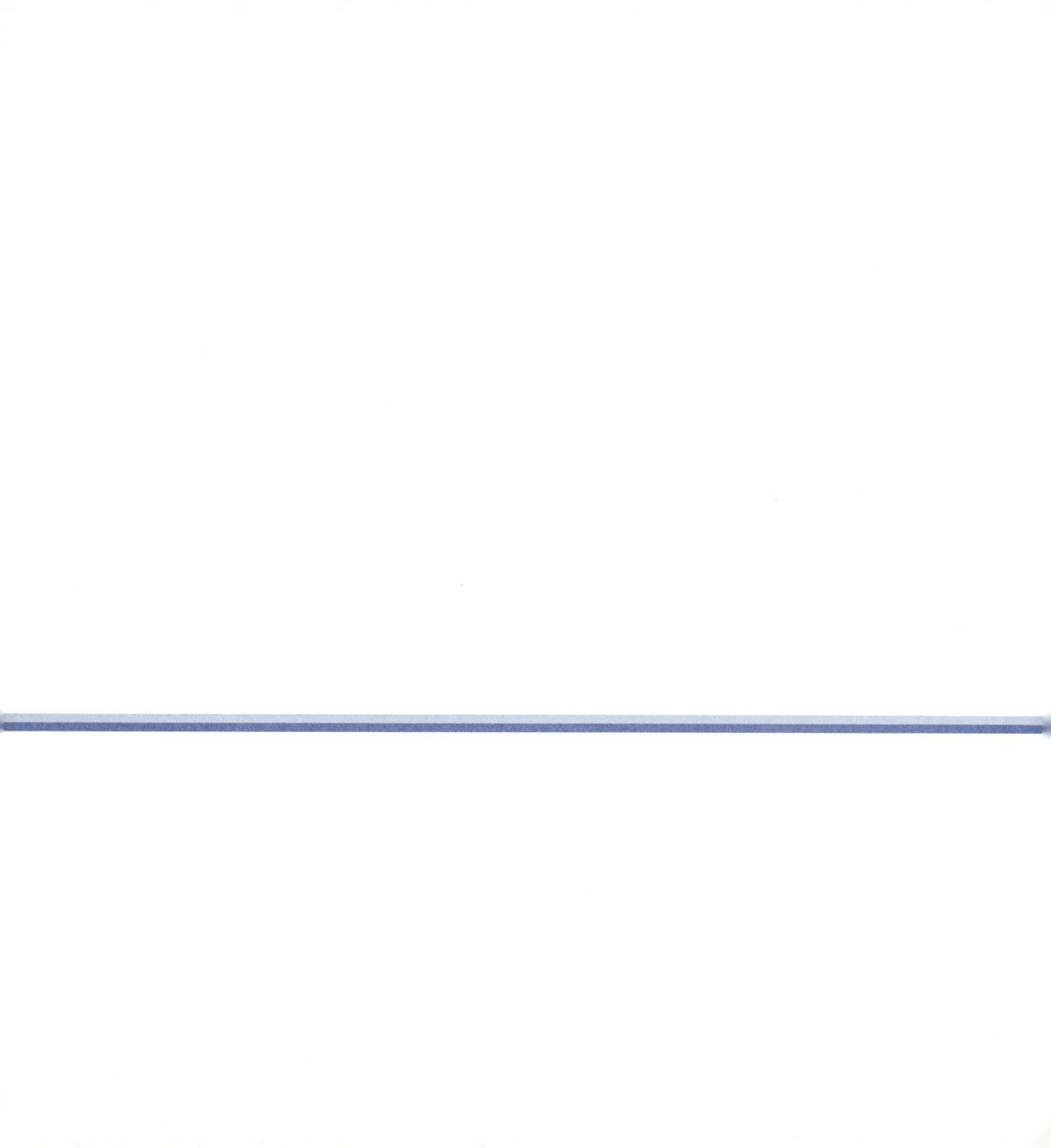

第一次迭代
倾听和语言

人的内心是不希望被修正的，它只渴望被看到和听到。内心就像一只倔强而腼腆的野兽，当我们冲进树林要去拯救它，并大声呼喊让它出来时，它会偷偷躲起来。如果我们愿意安静地坐下来，耐心地等一等，它就悄悄地出来了。

——帕克·J. 帕尔默（Parker J. Palmer），1998

准确地倾听

当你听客户说话的时候，你会做别的事情吗？即便你没有在画画，没有给朋友发短信，也没有琢磨晚餐吃什么，除了记住客户说的话，你的确还有精力做很多事。一般人说话的速度是每分钟150个词，而思考的速度是每分钟400-800个词[沃尔文和科克利（Wolvin and Coakley），1996]，所以，人肯定会一心二用的。

在日常对话中，很多人会利用这些多余的精力来计划轮到自己的时候该说什么。当然，我有时也会这样做。我加入了一个公众演讲小组，在每次会议开始时，每个人就当天的题目都有15秒的发言时间。除非我的脑子里想到了什么，否则在轮到我之前的几分钟里，我会紧张忙乱地想自己该说什么，说完还会立即反思刚才说过的话，然后才会放松下来。在这段时间里，我也在听，也能对别人的发言作出一个相对准确的描述，但我知道自己并没有全神贯注地倾听每一位发言者说话。

听的能力是与生俱来的。我们不用刻意地学习，大多数人也不用去思考或分析它。即便如此，每当我让人们列出"好的倾听"的关键时，他们很快就能列出这样的内容：

- 眼神交流；
- 点头；
- 微笑；
- 轻声鼓励（比如说"嗯""是的""哦"）；
- 感兴趣的样子；
- 不打断对方；
- 与对方的肢体语言相匹配。

但这些行为中的大部分并不是"好的倾听"的关键所在（其中许多在打电话的时候感受不到，而我有很多次在电话中很好地倾听了，同时也有被很好倾听的经历），而一些不利于倾听的行为（比如琢磨晚餐吃什么）则完全可以与"好的倾听"行为同时进行。

因此，定义"好的倾听"并不像列出可以观察到的行为那么简单。"好的倾听"也不是一蹴而就的，它需要时间磨砺而成。作为说话人，你讲完话之后，如果对方问了一个相关的问题，或者与你的评论产生共鸣，或者在报告或电子邮件中准确地总结了你的谈话，这时，你才知道对方当时的确是在倾听。

那么，如何定义"好的倾听"呢？心理学家卡尔·罗杰斯（1961）发现，自己愿意了解和接受一个人的程度越高，激发出的对方的转变就越多，所以他不愿意轻易地"仓促介入并进行修正"。这样一来，他反而培养了一种能力——饶有兴趣地倾听、欣赏对方而不打断，关注对方所传达的一切（不管是语言的还是非语言的）。他将这种能力称为"专注倾听"。

专注倾听是指把全部注意力集中在一个人身上，并适时表达自己的兴趣和关注。除非我们对一个人怀有深切的尊重和关心，否则倾听将是一项无法完成的艰难任务。我们不仅用耳朵听，还用眼睛、头脑、心灵和想象力来倾听……我们倾听对方的话语，也倾听对方的言外之意。通过对方的声音、表情和肢体语言，我们吸收对方通过语言和非语言传达的一切，既不增加也不减少，更不修改他所说的话。

罗杰斯希望客户可以不受干扰地按照自己的思路进行表达，虽然他没有说出自己的观点或解决方案，但他也不完全是被动的。通过确认听到客户所说的话，回应他们的感受并总结要点，罗杰斯积极地帮助客户探索他们的感受。

多年来，罗杰斯的"专注倾听"已被称为"积极倾听"，成了许多教练培训计划的标配。

虽然罗杰斯几乎只使用专注倾听，但教练们通常只把它作为教练工具的一部分。积极倾听只是国际教练联盟（ICF）发布的 11 项（2021 年已改为 8 项）"核心能力"之一，这 11 项核心能力还包括计划和目标设定、提问、直接沟通和设计行动等。因此，教练在倾听客户的同时，还要做更多的事，比如进行下面的思考：

- 他到底在说什么？
- 我该如何诠释这句话呢？
- 这与他想要的结果有什么关系？
- 我怎样才能让他回到朝向目标的轨道上？
- 我应该使用哪种教练工具？
- 我怎么挑战这种限制性的信念呢？
- 我怎样才能让这个客户有所进展？

学习干净的语言时，你仍然需要考虑很多事情，但与上面所列的思考完全不同。你仍然会思考客户所说的话与结果有什么关系，可上面的大多数问题都会消失，取而代之的是思考客户的模型以及下一步该问哪个"干净的问句"（见第 54 页"大卫·格罗夫的干净问句"）。

首先，我们回到罗杰斯所说的倾听。虽然他对专注倾听的描述也可以用来描述干净的语言所需要的那种倾听，但实操时这两种倾听完全不同。

大卫·格罗夫研究罗杰斯的会谈记录时发现，罗杰斯会重述客户说过的话，但不是完全"没有增加、减少或修改"的。在释义时，他无意中就已经"增加、减少或者修改"了客户的原话。

例如：

客户的话	治疗师的释义	说明
我的家庭对其他孩子比对我更宽容。不知为什么，他们对我的要求比对其他孩子更严格。	你的家庭状况似乎对你有很高的要求。	"状况"一词是治疗师添加的；"更严格"变成了"很高"；英语中单数形式的"要求"变成了复数形式的"要求"。
我认为我需要仔细思考我的要求或者我的价值观，我甚至一直怀疑自己是否有过真正属于自己的价值观。	嗯，你不确定是否有自己确信的深层的价值观。	"怀疑"变成了"不确定"，"真正属于自己的"变成了"深层的"。
有些人似乎有相当稳定的价值观，这是他们做决定时权衡的依据。我现在没有也从未有过这种价值观，我觉得自己是个投机取巧的人。我做了目前看来最好的决定，然后就随他去吧。	你没有确定的衡量标尺可以用。	"衡量标尺"的比喻是治疗师引入的。

注：摘录自客户记录（罗杰斯，1951）

大卫认为，罗杰斯的这种释义几乎成了诠释，它"夺走"了客户的一部分体验。因此，大卫开始尝试原封不动地复述客户的话。

当你倾听时，你至少可以带着三个意图：

- 短期目标是，带着重复客户刚才所说的原话的意图去倾听。
- 中期目标是，基本理解客户在说什么、曾经说过什么，按照客户的逻辑和回应方式，问出"干净的问句"。
- 长期目标是，帮助客户创建一个属于他们自己的思考模型，为新的可能性的涌现创造环境。

当你开始从单纯倾听转向为客户的内心世界建模时，你还需要学会分配注意力。但首先，在第一次迭代中，你只是带着重复的意图倾听，认可客户所说的话。要做到这一点，不需要聪明的头脑，只需要尽可能准确地重复你听到的。你不需要去理解它，即使你无法理解或诠释也没有关系，你要做的只是带着重复和认可的意图去倾听。

这听起来很容易。毕竟，作为一名教练，你已经学会了把自己的想法抛在脑后，专注于客户。但对于有经验的教练来说，"好的倾听"反而非常难，因为你已经被训练得在听的同时做很多事情，比如释义、反思和提出教练问题。在这种情况下，你需要暂时搁置这些技能。

你可以学习做一个更好的倾听者，但这种学习跟学习技能增长知识不同，它需要的是去除那些干扰倾听的东西：我们的偏见、恐惧，以及对该如何回应的思考。

——凯利（Kelly）引用伊恩·麦克温妮的话（Ian McWhinney，1998）

当去除了所有的干扰，客户就得到了你的全然关注。你的大脑里一片空白，等着被他们的话填满。令人称奇的是，你甚至不需要和客户进行眼神交流，反而有意让你的眼神不那么聚焦，这样就可以做到罗杰斯所说的"吸收说话者用语言或非语言所传达的一切"。除了听客户的话语，你开始注意到他的手脚动作，注意他正看向哪里，注意他的姿势和位置变化，注意他的那些烦躁不安的小动作，注意到他的语调和语速。这样做的唯一目的是：可以复述他的话，并对他的手势、姿势和音调表示认可。

练习

找一个搭档，带着重复原话的意图去练习倾听，不需要思考也不需要做其他事情。和其他倾听方法一样，不要打断对方，只是等他说完。要检验你的意图是否达成也很简单：你能重复他的原话吗？

那么，记住……

如果你想重复别人说过的话，那么你首先需要记住这些话。如果他们一次说一句还好，但如果他们滔滔不绝地讲述自己的故事，那可就麻烦了。

大卫·格罗夫有一种天赋，他能记住别人说了什么以及他们是怎么说的。这可能是由于他在浓厚的口述传统中长大。大卫也对自己的技艺精益求精，用多年时间不断提高自己的技能。他研究了狄兰·托马斯（Dylan Thomas）的作品，学习关于抑扬格五音步的知识，这是"干净的问句"的基本节奏。他还学习了腹语，这样就可以把自己的声音传递到客户的空间中，并模仿他们的手势。通过这种对细节的关注，加上多年的实践，他拥有了一种非凡的能力，那让他能够记住客户的话，更重要的是记住他们的逻辑。

我第一次进大卫的演示现场时，看到他从观众中邀请了两个人和他一起演示。他向其中一个人问了几个问题。当这个人忙着思考时，他开始问另一个人。整个晚上他都是这样工作的，他先转向一个人，再换到另一个人，向每个人都问了一些"干净的问句"。他即使不做笔记，也能准确地记住每个人的进展情况，从来不会混淆两人的情境，真让人打心底里佩服。

准确地记住别人的话，并不需要什么基础。刚开始时，我并没有比其他人更多的天赋来准确记忆，只是尽可能多地记录客户说的话。因此，我不是靠自己的记忆力，而是凭借可以在纸上准确记录他们原话的能力。

一旦我能够把倾听能力扩展到观察能力，能看到客户在空间中比划出的想要表达的东西，我就能越来越多地发现客户手势中蕴含的丰富信息。多年来，通过更多地关注空间，并将语言与手势联系起来，我记住在会谈中所发生事情的能力越来越强。我现在可以不记笔记地工作 90 分钟或更长时间。

在会谈的时候，记笔记是完全没问题的。当一个人被问到"干净的问句"时，他会全神贯注于自己的内心世界，不再关注你在做什么。有时候，把手中的纸和笔放下，去观察客户，注意他们的语言和非语言沟通之间的相互关联，也是一个很好的方法。

练习逐字重复客户的话，也会帮助你记住那些话。我不做笔记时，喜欢更频繁地重复尽可能多的词，这有助于让我记住这些词。我记笔记时，可能会把每一个词都写下来，有时会画简单的图表来协助自己发现信息之间的关联，有时两种方法并用。

有些教练发现，做笔记妨碍了他们去听，当他们只是看和听的时候，感觉自己听得更好。另一些教练会从抓住关键词入手，再逐渐形成完整的句子，并在这个过程中关注词语间的逻辑。你需要找到适合自己的记忆方法。想想你平时是怎么记住事情的，比如你打算去超市买东西，你会列一个清单吗？或者你记得东西在商店里的位置吗？你是编得押韵还是把东西分成三个一组来记忆呢？

你怎样才能充分利用自己天生的记忆能力，把客户的话记住呢？

比记住每一个词更重要的是，你重复的词语要准确。"干净的问句"不需要语法正确，省略一些词总比瞎猜好。

有的教练习得这种方法后如鱼得水。当他们不去解释客户的话时，就可以把全部注意力集中到客户身上。而准确地重复别人的话和释义完全不同，对有些人来说这是一个挑战。另一些人则认为，在别人说话的时候做笔记是不尊重对方的表现。如果你因为担心这些而没有给予客户充分的关注，其实完全可以打消这些顾虑。经过两天"干净的教练"的培训，大多数人因为在做客户时感受到了教练给予的细致关注，打消了最初对记笔记或者一字不漏地重复别人的话的顾虑。

练 习

在打电话、参加工作坊、听演讲或看电视的时候，你可以尝试把里面说的话写下来，看看你能写多快。尝试把一些常用词和词组进行缩写，以便快速记录。例如，"**我不知道**"可以缩写成"BZD"，"**其他人**"缩写成"QTR"。同样，如果某个客户反复使用同一个词组，就可以用缩写。

如果你不擅长记录，但是想要准确地回忆起客户说的话，应该怎么办？

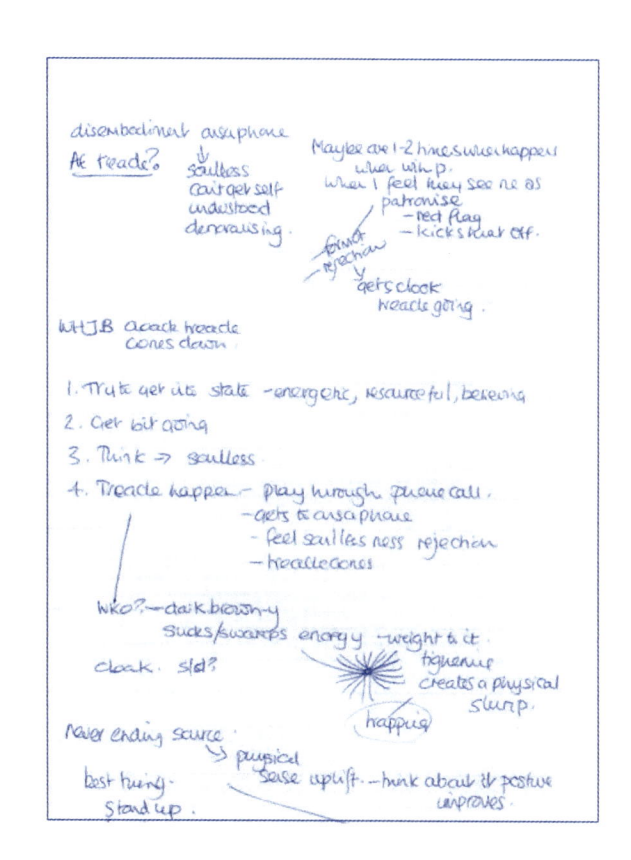

上图是我在与客户会谈时做的一页笔记。这是我平时记笔记的常用方法：箭头代表不同思想的来源方向，便于查找。我通常还会写下问题的简称，这样方便跟踪。

那么，认可……

到目前为止，我们已经详细了解了在客户谈话时你需要做的事。现在，我们要把注意力转移到客户身上，以及你希望在自己说话时给客户带来的体验上。

正如我前面提到的，一个人只能从说完话后发生的情况来判断自己是否真的被倾听了。他并不在乎你的倾听是为了回应、理解还是为了重复。对他来说，重要的是觉得有人在倾听他。

> 我经常发现，我越能深入地倾听客户所表达的意思，对方的回应就越多。当一个人意识到自己被深深地倾听时，他的眼睛往往会湿润。我可以说他是喜极而泣的，就好像他在说："谢天谢地，有人听到了我。""有人知道我的感觉。"在这种时候，我想就像一个被关在地牢里的囚犯，日复一日地输入莫尔斯电码："有人听到我吗？有没有人在？"终于有一天，他听到了一阵微弱的敲击声，说："有。"这个简单的回答，让他从孤独中解脱，重获新生。
>
> ——麦克温妮于 2009 年引用罗杰斯在 1980 年所说的话

虽然，罗杰斯在这里讲的是他所提出的"专注倾听"，但这些恰恰准确地描述了"干净的语言"会谈中所发生的一切。

罗杰斯本人对简单重复一个人的话不屑一顾。这可能是因为，重复客户的话只是让他人感到被理解了一部分，并非全部。表示认可，不仅仅是去重复客户说过的话，还包括认可客户的说话方式以及客户的非语言交流方式。

那么……

在我们讨论"认可"之前，先了解一下"那么"的用法。在语法中，"那么"放在句子的开头时，是用来连接词和词组的，有时也代表着一种延续。"那么"的原意是"然后"或"接着"。大卫·格罗夫养成了在每一个问句和每一个回答前都使用"那么"这个词的习惯，以此表明他所说的话是客户刚才说的话的延续。这在日常对话中并不多见。

用"那么……"作为你说话的开始，会对客户如何理解你的问题产生很大的影响，特别是如果你在慢慢地、刻意地说"那么……"，然后在重复他们的话之前，稍微停顿一下。

另一种选择是"所以/因此",但这可能在暗示某种判断,或者你正在试图理解对方所说的内容(比如,"所以,你说的是……")。有些客户可能会认为这是你即将结束会谈的信号("所以,A、B、C……"),或告诉他们该怎么做("所以,你为什么不试试……")。出于这些原因,最好养成每个问题以"那么……"开头的习惯,后面再加上客户的部分或全部原话。

当你想要引用客户之前说过的话,但不想重复每一个字的时候,"那么/还有/和/同时"就可以很方便地把客户的原话连起来。

那么,你需要在 8 月份之前制定一份商业计划,同时,它需要包括三个部分……[1]

你可以这样说:

那么,一份商业计划,同时 8 月份,还有三个部分……

这并不是说其他词语不重要。我省略的词语是连接客户原话的"逻辑"或"胶水",它们可能是至关重要的。但你不需要重复每一个词,来让客户感到被认可或想起自己的逻辑。对于旁观者来说,这样似乎很奇怪,但对于客户而言,这样说却非常合理。

准确性

无论重复哪些原话,重要的是准确地重复。如果一个客户说"**我想要感觉更自信**",然后你说"**那么,你想要更自信**"或"**那么,你想要更多的自信**"就是不准确的。这些改动类似于罗杰斯对他客户的话语做的改动,也是我们希望避免的改动。即使是细微的差异,客户所说的和你所说的之间的差异,也足以扰乱客户的思路,即使这种扰乱很短暂。可以把"我"改成"你",例如:

客户:**我想要感觉更自信。**

教练:那么,**你想要感觉更自信。**

一些干净的教练喜欢保留"我"这个词。但我认为,如果你使用他们的"我"来指他们,他们可能会被搞糊涂了。如果你真的想让客户注意"我"这个词,更好的方法是用一些方式(比如停顿,或轻微地加重语气,或指出他们在说"我"时使用的非语言手势)把这个"我""突出"出来,这样你的意思就表达得更清楚了……

客户:**我想要感觉更自信。**

教练:那么,"**我**"想要感觉更自信。(停顿)那个"**我**"是什么样的"**我**"?

---

[1] 句子中间的连接词可以用"那么/还有/和/同时"等自己习惯使用的词替代,或者自然地停顿,有时非常自然地发出"嗯"来停顿。——译者注

这种方式也适用于"**自己**"这样的词。

当我们谈到人称代词时，遵循干净语言的规则（只使用客户的原话和"干净的问句"）意味着你从不提及自己，除非客户碰巧把你带进对话中。所以，不要在说话前加上"我听到你说……""告诉我……""到目前为止，我所理解的……"这样的话。同样，客户不太可能在谈话中提到自己的名字，因此你也不用提到。

与客户的非语言行为保持一致

你可以把"那么……"说得很慢，然后停顿一下，再尽量用客户的声调和节奏重复他们的原话。如果你想把客户的注意力吸引到一个手势或其他非语言行为上，要以他的感知视角指出来，而不是你的。

有一次，我想去一个我以前从未去过的地方，我的一个朋友给我指路。她用她的手势告诉我要转弯的地方和路上会看到的地标。我当时坐在她对面，因此不得不在心里切换到她的视角，才能理解她在说什么。你要避免让你的客户像我一样，不得不切换到你的视角。

如果客户说"**它在左边**"，同时指向他的左边，仿佛真的有什么东西在他的左边，当你重复他的话时，假如你凝视他的左边或做手势，他就会停留在他的体验中，他的手势就被认可了。

如果你指着"自己的"左边，那么客户必须关注你的手势，并通过头脑切换来确认你的手势和他的手势是一样的。你的目标是让客户停留在他们的体验中，而不是经常"跳出来"去搞明白你在做什么。

重复和认可不仅仅是让客户感到被倾听和被接受，还是一种让他们听到自己的话语、看到自己的手势的方式。如同举起一面镜子，他们可以在镜子里看到自己，很可能这是他们平生第一次这样看到自己。

　　这本身就可以有效地转换视角。客户经常会问我："我这样说过吗？"我会点点头，因为我知道自己准确地重复了他们的话，然后他们会回味自己说过的话。

　　当然，你在听的时候也可以表示认可。虽然眼神交流没有必要，而且可能会分散客户的注意力，但点头或鼓励的语气，比如"嗯""啊""噢"，可以促使客户继续说下去。让点头和发出的声音保持一致，从而鼓励各种各样不同信息的表达。大卫·格罗夫经常谈到要成为"对信息一视同仁的雇主"，而干净的含义之一是不偏袒任何一类信息。

　　保持沉默，让客户思考，是另一种认可和尊重客户的方式。客户在思考时可能会看着天花板或闭上眼睛，当他思考完了，通常会发出一些信号（例如，他会看向你或重新开始说话）。有趣的是，客户希望看到教练偶尔也花时间思考，所以你并不需要急着去问问题。

练 习

练习认可。从现在开始，不要单纯地重复练习伙伴说的话，而是用"那么"开始，用对方的语调和语速来重复他的原话。注意他说话时的手势，并以对方的视角作出这些手势。练习的议题可以是一件特别的事或一个节日。

那么，提问……

> 我们对提问有巴甫洛夫式的条件反射。这种反射总是把我们抛向问题的方向，并从中寻找答案。仅仅提出那个问题，就把对话的重点转移了。
>
> ——劳拉·惠特沃思等人
> （Laura Whitworth et al.），1998

提问是教练的惯用手法。每一个教练流派，每一种方法，都是以提问为基础的。焦点解决教练有它的奇迹提问和刻度化提问；南希·克莱恩（Nancy Kline）提倡犀利的提问；NLP 有目标确定法（Well-formed outcome）提问；等等。没有提问，不成教练。

> 提问与行动是内在相关的。提问激发了直接的注意力、感知、能量和尝试，因此，提问才是人类生命进化形式的核心所在。创造力需要真诚的提问，问出那些还没有答案的问题。提问向创造力张开臂膀，呼唤着那些尚未涌现的事物。
>
> ——玛丽莉·戈德堡（Marilee Goldberg），1997

许多教练书籍都会列出一些在不同情况下可以使用的问题清单：引出目标的问题；挑战限制性信念的问题；决策的问题。有些教练会收集一些好问题。然而，一个问题是否"好"取决于具体情况以及教练的提问意图，更取决于它对客户的影响。

当我演示"干净的语言"时，如果我的一个提问触发了客户有力的回应，就总会有观察者问："你刚才问的是哪个问题？那个引起转变的问题。"一瞬间，现场所有的人都拿起笔准备把这个杀手锏式的问题记下来，以备不时之需。

然而，这个问题只在那一刻对那个客户"起作用"，况且，它是否"起作用"还取决于众多因素，诸如我的建模质量以及那个问题之前的所有问题。我没有办法提前知道一个问题会有什么效果。我并没有选择一个杀手锏式的问题，只是选择在那个当下对客户有意义的问题，而这个问题可能会促使客户展开新的探索。

> 只有当答案有用时，才能说这是个"好"问题。其实，我们常常发现，问题的真正价值，是通过它引出的答案来判断的。也就是说，通过答案去反观，才能知道这个问题到底好不好。好问题之所以"好"，是因为它出现在"好的回答"之前。
>
> ——史蒂夫·德·沙泽尔（Steve de Shazer），1994

指导性教练和非指导性教练的主要区别之一，是指导性教练往往通过提问从客户那里获取信息，以确定引导客户去什么方向，从而"解决问题"；而对于非指导性教练来说，提问本身就是干预。

> 使用干净的语言，我们可以通过提问来履行完整的干预。我们并不需要陈述事实或给出一个方向。
>
> ——格罗夫和帕泽，1989

重复客户的原话会让他们感受到被倾听，而对那些话提问则会促使他们思考自己真正要表达的意思。虽然我们可以在很多在线和离线的词典里查找词语的含义，但每个人应该根据自己的体验，赋予词语属于自己的特定含义。

当我给初学者介绍"干净的语言"时，我经常使用凯特琳·沃克设计的一个活动：邀请每个人"看一头大象"，然后让一些人描述自己看到的那头"大象"的样子。这些大象有的大，有的小，有卡通的，也有粉红色的、白色的或灰色的。它们有的朝向这边，有的朝向那边。有的在地上走动，有的一动不动，还有的睡着了。没有任何两头大象是完全相同的。

> 一个词能唤醒完全不同的想法。当我们提到的不是简单的实物名词，而是像"正义"或"健康"这样的抽象概念时，情况就变得复杂多了。
> ——埃里克·韦斯特福尔（Eric Westfall），2011

"干净的问句"可以让你和客户对不同的词语感到好奇，以便从日常对话的字里行间发现这些词语背后的思维模式。

那么，"干净的问句"和其他教练问句之间到底有什么区别呢？

- 当你使用干净的语言时，可选择的问句比较少，而且这些问句已经尽可能把预设去除了。
- 如果你保持"干净"，只就客户提到过的事情提问，只是把客户的原话嵌入"干净的问句"中，你就不可能在对话中加入新的想法或假设。
- 普通的教练问句通常会将客户的注意力从他自己身上转移到教练身上，然后再回到客户身上，或者转移到别的地方（例如"你能告诉我你对那个有什么看法吗"）。与之相反，"干净的问句"是为了将注意力集中并停留在客户的信息上而设计的，客户徜徉在自己的世界里探索，教练支持客户待在那个世界里，并对客户的世界充满好奇。教练的好奇激发了客户的好奇，使他们的内心被激活而丰富起来。
- 问"干净的问句"需要调动整个身体。除了选择问什么问句外，你还需要注意语调、语速以及如何使用手势。

但凡谈话就有思想交流，不可能只是简单的提问过程，所以，如果你想把自己的想法加进去，那也是很自然的事。用"干净的问句"提问，并非不能有想法和假设。当然，与其把这些想法带入会谈，你倒不如利用自己的觉察来决定将客户的注意力引向何处，以及问出哪个问句。

大卫·格罗夫的干净问句

大卫·格罗夫没有就"干净的问句"列出一份明确的清单。当一个问句去除了不必要的预设，并遵循客户的逻辑，且让客户很容易回答时（让他们专注于自己的内心世界，无须跳出来思考问题的含义），它就是干净的。

> 我们不能事先设定一个"干净的问句"的语法、句型或词汇。"干净的问句"对每个客户来说都是唯一的。我们可以给出干净问句的一般规则。不过，我们一定要清楚哪些问句适合客户。
> ——格罗夫和帕泽，1989

然而，当彭妮·汤普金斯和詹姆斯·劳利为大卫建模时，他们发现他一直在重复使用几个相同的问句。他们列出了大卫使用频率最高的这些问句。作为初学者，最好能坚持使用这里所列的问句。（现在还不必操心那些问句的分组或小标题。当你看完整本书以后，再回来作参考的时候，这些会非常有用。）

发展类问句

关于……还有什么？

那个……是什么样的……？

……在哪里？

……在哪里/在什么地方/在什么位置/方位？

那个……像什么？

……有大小或形状吗？

那儿有多少个……？

……在里面还是外面？

……朝哪个方向？

注："……"表示客户说的话。

空间的相关性

（A）……和（B）……之间有关系吗？

当……（A）时，……（B）发生了什么？

（A）……和（B）……相同还是不同？

期望的结果问句

你希望发生什么？

……需要发生什么（先决条件）？

……会发生吗？

时间的相关性

接下来会发生什么？

那会怎么样？

就在……之前发生了什么？

……可能从哪里来？

其他问句

你怎么知道……？

现在发生了什么？

刚才发生了什么？

两个关键问句

彭妮和詹姆斯研究了大卫提问的频率，发现他在 80% 的时间里只用了这些问句中的 9 个。通过分析自己的会谈记录，我发现自己大约 60% 的时间都在使用下面这两个问句：

关于……还有什么？
那个……是什么样的？

这是两个最普通的问句，也是最"干净的问句"。你可以用这两个问句询问任何信息，而且几乎在任何情况下它们都很有效。

> **关于……还有什么？**
>
> 即使"关于……还有什么？"并不符合普通开放式问题的定义，但客户通常会认为它是一个开放式的问题，它自由地在他们的脑海中漫游，寻找那些与问句相关的信息。当然，他们会把它当作一个封闭式的问题，回答"有"或"没有"。很少有客户只会说"有"，但如果他们确实这样回答了，你只需稍等一下，他们通常会解释有什么。如果他们说"没有"，你也可以等一下；有时候，人们需要一段时间才能意识到还有其他东西。如果真的没有什么，那也是信息，你就直接问一个其他的问句。
>
> 这个不带预设的问句，在会谈的任何时候都可以派上用场。这个问句不会让客户从他们的体验中跳出来，因此，客户很可能会提到"还有什么"事情。但这个问句未必永远是最有用的，因为它可以把客户的思维引向任何方向。所以，在你学会用语气、声音的节奏、眼神、手势以及问句来引导注意力之前，这个问句作为一种"引导注意力"的工具（见 58-63 页），可能还不是那么有效。

那个……是什么样的？

这是另外一个你可以去问任何信息的问句，而我更倾向于问那些新的、刚刚出现的信息。这是因为"**关于……还有什么？**"假定客户已经知道了一些东西（不管……是什么），而"**那个……是什么样的？**"这个问句假设客户还不太清楚。

如果有人说"**就像一个棕色的大球在我面前跳**"，然后你问"**那个球是什么样的球**"，对方可能认为你刚才没在听。但如果客户说"**我需要更多的自信**"，此时"**那个自信是什么样的自信？**"的问句对他来说就非常有意义。

什么不该问？

大卫·格罗夫和干净社群的成员们花了数年时间来打磨这些问句，让它们尽可能变得干净。如果你可以严格按照这几个问句的用词问，它们都能发挥最大的作用。刚接触干净语言的人总会倾向于把问句稍微改一下，结果效果就会打折扣。最近，我看到一个初学者问："**那里还有别的什么吗？**"客户说："**没有别的了。**"教练停住了，他们差点走进了死胡同。我鼓励她这样问："**关于……还有什么？**"于是，客户发现了一大堆新信息。

下面是这个问题的其他问法，但效果不太好：

（关于那个……）还有什么更多的吗？
关于那个……再多说一些。
关于那个……是不是还有什么东西？

下面是另外两种问法，效果更不好：

哪种的……？
什么类型的……？

练 习

练习这两个问句：
关于……还有什么？
那个……是什么样的？

在日常对话中提出这些问题是很自然的。注意你得到的回应。或者看一两分钟电视节目，然后为主持人设计一个"干净的问句"。尽管你知道他们不会回应，但你可以练习问句的用词，并开始选择要问的问句。如果你有一个练习伙伴，请他告诉你是否把用词弄错了。

你也可以做个实验，看看当你问"**还有什么？**"时，别人会给出什么样的回应，以及他们如何回应"**那个……是什么样的？**"。这两种回应有什么不同吗？你问其他人的时候又发生了什么？

引导注意力

有些教练在第一次听说干净的语言时，以为我们完全没有影响客户的意图。但即使是卡尔·罗杰斯，也在影响他的客户，他的意图是倾听、理解并让客户按照自己的思路前进。他通过给予客户时间、空间和良好的倾听环境，来鼓励他们保持开放。借由选择他所关注的那些表达（不管他是否稍微改变了一些用词），他帮助客户确定把注意力聚焦到哪些内容上。他问的每一个问题（罗杰斯没有问很多问题），都是让客户去挖掘新的信息。

大卫·格罗夫看到了提问的力量，并为自己确定了原则，那就是跟着客户的思路走，然后把他们的注意力引向那些有潜力可挖掘的方向。

这两位伟大的治疗师，用他们的技能帮助客户取得了想要的成果。干净的语言不是影响客户服从你的指令，而是将客户从教练和治疗师那些拙劣的、令人反感的甚至危险的忠告中解脱出来。当然，你可以利用你在干净的教练课程中获得的信息来影响客户，进而让客户去做你想让他们做的事情，但是这个做法违背了干净的理念——帮助人们了解自己的想法。

任何教练会谈，都可以探索不同的内容。虽然最开始你会先问客户他们希望发生什么，但你将决定他们回答中的哪些部分需要被关注，以及问出哪个问句。其实，你比自己想象的更能把握会谈的方向。即使你面对的只是一个简短的句子，比如：

我可以把精力用在别的地方。

这个句子也可以衍生成 12 个不同的问题。你要做的仅仅是用前面两个问句，加上客户的原话：

1. 关于那个**我**，还有什么？
2. 关于那个**可以**，还有什么吗？
3. 关于那个**用**，还有什么？
4. 关于那个**我的**，还有什么吗？
5. 关于那个**精力**，还有什么？
6. 关于那个**别的地方**，还有什么？
7. 那个**我**，是什么样的**我**？
8. 那个**可以**，是什么样的**可以**？
9. 那个**用**，是什么样的**用**？
10. 那个**我的**，是什么样的**我的**？
11. 那个**精力**，是什么样的**精力**？
12. 那个**别的地方**，是什么样的**别的地方**？

你在练习对你的伙伴表示认可的同时，也在影响他们所关注的内容。你在"那么"后边用了哪些词与词组？你省略了哪些词组？你让他们关注哪些手势？你没有让他们关注哪些词、词组和手势？你的选择是由一些因素决定的，比如你无法捕捉到所有的词，或者忙于记下原话而忽略了肢体语言。你只对部分看到/听到/捕捉到的信息表示认可，是有原因的，尽管那不是有意识的选择。也许你挑出了对你来说很重要的东西，或者你更好奇的部分。

现在，我们转换一下思路：把对客户来说重要的内容以及客户可能感到好奇的东西挑选出来。那么，教练怎么知道该挑什么呢？客户传递出来的以下信息值得关注：

- 强调了某些词或词组；
- 一个特定的词或词组伴随着一个手势；
- 在某个词或词组之前或之后停顿；
- 元评论（对他们自己说过的话的评论，如"这很有趣"或"我以前没有意识到这一点"）；
- 对特定词或词组的重复。

引导注意力时，准确很重要。因为客户准确的表达（他们的原话和手势等）是这项工作的媒介。我们想要让客户注意到他们自己说过的话，最好的方法是把那些话挑出来，一次挑一个词或一个简短的词组（尤其在会谈开始时），让客户回味。

> 在一个人开始密切关注周围一切的那一刻，即使是一片草叶，也变成了一个神秘的、令人敬畏的、难以形容的壮丽的世界。
>
> ——亨利·米勒（Henry Miller）

指　向

詹姆斯·劳利（2012）建议，从指向的角度来理解注意力引导会更容易。当客户在谈论某物或用身体指向某物时，就好像他们在用手指着它。你的工作是跟随他们的注意力，就像日常生活中有人指着一个东西，你试着从对方的角度去看这个东西一样。于是，你会稍微靠近一点，然后问自己："他们在指什么？"（这与NLP第二定位不同，在NLP第二定位中，教练试图"设身处地地为他人着想"。指向则是站在你自己的立场上，同时从客户的角度出发去探索。）

一旦确定了客户所指的是什么，你就可以顺着客户的方向指向这件事的某一方面，就像在说"往这部分看"。但是你不希望他们必须靠过来（从你的角度）看你所指的，你的工作是保持他们的视角，将自己调整到客户所关注的事物上，从客户的角度提出有意义的问题。

指向客户已经向你明示的方向，从这个角度去建模，就更容易理解：

- 为什么没有必要与客户进行眼神交流，因为你们都在看着客户所指的内容。
- 为什么必须注视或指着客户指向的那个位置，而不是按照自己的角度去模仿客户的手势。

三步式句型

想象你把一个人带到挂满画作的房子中间，然后问他留意到了什么。他可能会谈到其中一两幅画，也可能谈到整个收藏，或者对室内的情况进行评论、对画作的摆放方式进行点评。不过，如果你指着其中一幅画，问他对画作角落里的花有什么想法，他很可能就会开始聊上那朵花了。这时，并不是因为这幅画的其他内容或者房间的其他部分都不见了，而是你此时引导他把注意力集中在了这朵花上。

一个"干净的问句"，可以通过下面这样的结构，取得和上面的过程相似的效果：

认可
那么，一个挂满画的房间

引导关注
那么，当那幅画的角落里画着一朵花的时候

问一个问题
关于那朵花，还有什么？

上述画廊的例子，与真正"干净的问句"的区别在于，根据干净语言的规则，不允许把对方的注意力引向他们没有提到的事物，所以干净的问句的方式会是下面这样的：

客户：**这个画廊真棒！不是么？我很喜欢莫奈的这幅作品。**

教练：那么，画廊真棒，还有，你喜欢莫奈的那幅作品。
（表示认可）
当你喜欢莫奈的作品时，（直接关注莫奈的作品）
关于莫奈的那幅作品，还有什么？

在教练会谈中会是这样的：

客户：**我想为自己建立声誉。**

教练：那么，你想为自己建立声誉。
（停顿）当你建立声誉时，
那是什么样的建立？

这种引导客户注意力的结构，被称作"三步式句型"，这个过程类似于用照相机不断放大（聚焦）眼前物体的局部。提问的第一步（表示认可）包含了总体框架并引用了大部分的原话，第二步（引导关注点）采用了聚焦的视角，引用的词比第一步有所减少，而最后一步（问句本身）则进一步聚焦，只引用了一两个词。

就像用相机聚焦一样

那么，一家出售海滩用品的商店——风车、护目镜、船、水桶和铲子，

当看到水桶和铲子的时候，

关于那些水桶，还有什么？

前面强调的两个关键问句都有许多变化，这些变化也可以引导注意力更加聚焦或者更加拉远：

A	还有什么？	
B	关于……还有什么？	什么样的……？
C	关于那个，还有什么？	那个……是什么样的？
D	关于那个……还有什么？	那个……是什么样的……？
E	关于那些……还有什么？	那些……是什么样的……？
F	关于这一切，还有什么？	

从 A 到 D，每一个问题都比前一个问题更集中在某件具体的事物上。特别是，"那个"将问句从一个宽泛的、包罗万象的问句转变为一个更有方向的问句。（"那个"对于"指向"非常重要，不要试图用"这个"来代替——它根本达不到同样的效果。）在大多数情况下，我更喜欢 D（和它的复数形式 E），因为它是最集中的，而且以客户的原话结束。A 到 E 将帮助客户"聚焦"，而变体 F 将鼓励他们"拉远"（散焦）。随着会谈的进行，更多的信息会出现，这时将客户的注意力引导到整个景观通常是有效的：

那么，（插入客户最后的原话），

那么，当……还有……还有……还有……（插入以前客户回应的片段，以客户最后的原话结尾），

关于这一切，还有什么？

这种把客户之前回应中的几个片段集合在一起的方法叫作"重述"，这种重述可以和任何一个"干净的问句"一起用。

回　溯

另一种询问客户之前所说内容的方法，是通过一种叫作"回溯"的过程。要做到这一点，首先要从客户最后说的内容开始，然后倒回去，直至你要问的内容。

假设你的客户对最后几个问题给出了以下回答：

我要思考我的目标；

我想确定我要去哪里；

这就像在我面前展开一个计划；

就像几块积木，有不同的高度和颜色；

实际上，它们就在我的前面和周围。

假设你想询问**"我要去哪里"**这部分。不要直接"跳"回去，这样可能会导致客户"走出"他们的体验，你可以这样说：

那么，它们在你的前面和周围。

（停顿）几块积木，有不同的高度和颜色。

（停顿）展开计划。

（停顿）确定你要去哪里。

当你确定你要去哪里的时候，

关于你要去哪里，还有什么？

当……的时候

就像引导注意力或指向客户所说的话一样，"当……的时候"也有"让时间静止"的效果。你不是急于让客户继续他们的谈话，而是停下来，让他们比平时更深入地思考刚刚说的话。然而，有些时候，停下来未必是合适的，你可以对他们当下正在体验的状态表示认可。"持续性"通常用"正……着""正在……""在……"表示，比如正行走着、正在思考、在疑惑着等。在这些时候，可以用"正（在）……的时候"来代替"当……的时候"：

客户：**我正在走向未来。**

教练：当你**正在走向未来**的时候，未来在哪里？

调整提问的方式

根据会谈的状况，调整你的提问方式很重要。如果客户的图景正在快速演变，那么可以去掉三步式中的一两步，让客户保持演变的状态。如果客户谈论事情时是缓慢的，比如是放松的，那你就要放慢节奏。这时，如果使用完整的三步式句型，会谈更像是进入了一种冥思状态。因此，这时放弃三步式句型，会谈会更自然。

你还可以运用语气强调某个特定的词，将客户的注意力引向该词。下面这三个问题之间有很大的区别（加点字用于强调语气）：

关于那座桥，还有什么？

关于那座桥，还有什么？

关于那座桥，还有什么？

练 习

虽然三步式句型确实能帮助你引导客户的注意力，但也可能造成问句缺少对话性。确保与你一起练习的伙伴明白这是一种不一样的体验。（练习内容可以是：当你在最佳学习状态的时候，那像什么？）

尝试不同的句型变换，练习不同的声调和语速。练习让你的问句更"精准"而又"有吸引力"，确保客户的注意力准确地到达你要它去的地方。

第一次迭代　倾听和语言

那么，准确地倾听……

记住……认可……

提问……引导注意力……

那么，关于这一切，还有什么？

如何将所有这些元素整合在一起？在一个具体情境下，你应该怎么做呢？当你跟着这本书进行持续的迭代时，会有大量新的和不同的思维过程使用你用于听上所富余的精力。不过现在，你要练习把握提问的节奏，几乎是在客户刚说完的时候就把他们的话重复一遍，然后停下来想一想你要问什么问句，比如：

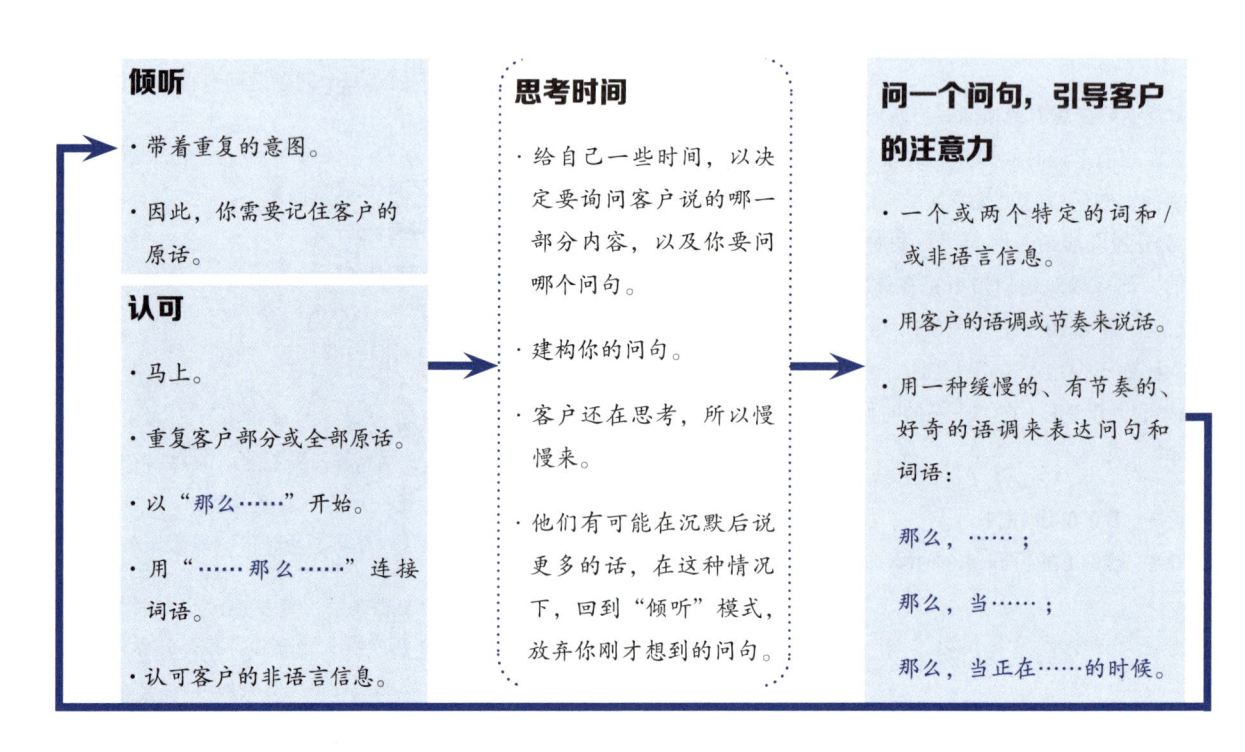

倾听

- 带着重复的意图。
- 因此，你需要记住客户的原话。

认可

- 马上。
- 重复客户部分或全部原话。
- 以"那么……"开始。
- 用"……那么……"连接词语。
- 认可客户的非语言信息。

思考时间

- 给自己一些时间，以决定要询问客户说的哪一部分内容，以及你要问哪个问句。
- 建构你的问句。
- 客户还在思考，所以慢慢来。
- 他们有可能在沉默后说更多的话，在这种情况下，回到"倾听"模式，放弃你刚才想到的问句。

问一个问句，引导客户的注意力

- 一个或两个特定的词和/或非语言信息。
- 用客户的语调或节奏来说话。
- 用一种缓慢的、有节奏的、好奇的语调来表达问句和词语：

  那么，……；

  那么，当……；

  那么，当正在……的时候。

案例分析 1：黏黏的砂纸手

教练：当你处于最佳学习状态时，那像什么？

客户：就好像我所有的感官都能够吸收并真正吸收了所有的信息。

教练：那么，就好像你所有的感官都能够吸收并真正吸收了所有的信息。

　　　（停顿）当就像能够吸收所有的信息时，

　　　　　关于吸收，还有什么？

客户：就像轻易就可以抓住想法和身边发生的事情，就是我能做到这些。

教练：那么，轻易就可以抓住想法和你身边发生的事情。

　　　（停顿）当抓住想法的时候，

　　　　　那个抓住，是什么样的抓住？

客户：当我学得很轻松的时候，就像有一双黏糊糊的手，像砂纸一样的手，就像能够真正抓住东西一样。

教练：那么，就像黏糊糊的手，砂纸手，而且真正抓住东西。

　　　（停顿）黏糊糊和砂纸，

　　　　当像砂纸时，

　　　　　关于砂纸，还有什么？

客户：它在我的手上（摩擦双手），它是橙色的，就像橙色的砂纸。

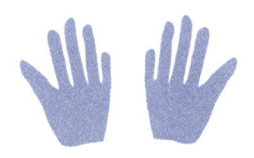

第二次迭代
隐喻

隐喻架起了意识和潜意识之间的桥梁。

——大卫·格罗夫

为什么用隐喻[1]？

大卫·格罗夫开发干净的语言的原因之一是，他可以使用客户在描述自身经历时自然说出的隐喻来进行咨询。这些隐喻被称为自生（自带的）隐喻。客户会说"**我在兜圈子**"，或者说"**我被困住了**"。大卫并没有把这类陈述当成单纯的修辞手法，而是去琢磨如何利用它们。他发现，当他将这些隐喻当作人们对自己亲身经历的直白表达，并使用现在时态的简单问句进行提问时，这些表达就可以"展现自己的优势"，并演变成更有价值的隐喻。

使用干净的语言来识别和发展自生隐喻带来了巨大的好处：

> 隐喻抓住了一段经历的本质。
> ——劳利和汤普金斯，2000

这些年，我一直在兜圈子。

什么样的圈子？

隐喻让我们更容易处理个人经验的**底层结构**，而不是陷入内容当中，从而**节省很多时间**，这也是干净的语言能成为如此高效的教练工具的原因之一。一旦客户知道了自己的底层思维和行为模式，他们可以决定保留哪些、改变哪些——隐喻中的细节会为他们提供大量关于如何作出各种改变的线索。隐喻会深化或转变我们的思维。

在客户的隐喻（包括他们的非语言交流、内在空间和外在空间）上下功夫，往往会**激活他们的"隐喻景观"**。我的意思是，客户会对自己的内心世界作出反应，而不是简单地谈论自己的处境、目标、优势、价值观等。这时（通常是在问了几个问句之后），**新洞见和重大转变很有可能会发生**。

隐喻能**帮助我们理解他人**。帮助客户发展对隐喻的洞见，除了能让他们更好地理解自己，还有一个额外的好处：你也会更加理解客户。借助客户的隐喻，你会发现他们是如何思考的、价值观是什么以及如何生活——你也可以发现是什么模式让他们陷入困境。

---

[1] 想了解更多有关隐喻的信息，可参见华夏出版社出版的《高级隐喻》一书。——编者注

隐喻不容易被忘记，它会帮助人们记住会谈中发生的事情。隐喻一旦得到发展，大多数客户在会谈过后很久都能回忆起自己的隐喻。这种与隐喻之间的互动通常会伴随他们几年甚至是一生。

一个人的自生隐喻让人着迷、难以抗拒。一旦客户投入自己的隐喻景观当中，他就有了充分探索它的强烈愿望。

隐喻与**突破性思维**联系紧密。例如，爱因斯坦关于"在一束光上旅行会是什么样的"这一提问引发了相对论。隐喻将两个看似不相干的想法联系在一起，并让人们以新的方式理解它们。

隐喻是**心智和情感的语言**，我们一直在使用隐喻。虽然有些教练方式有助于认知层面的转变，但如果要促进客户内心或行为层面的转变，隐喻无疑是理想的媒介。

隐喻为难以言表的事情提供了一种表达形式。我们可以轻而易举地直接描述具象事物，如动物、建筑物或植物，可在教练会谈中，当涉及如决策、领导力或感觉自信等比较抽象的话题时，客户通常借助隐喻来描述正在经历的事情。

一旦隐喻有了形状，它们就可以转变。乌云可以在天空中移动，动物可以奔跑，风筝可以飞得更高，旋转的盘子可以取下并堆叠，钥匙可以打开门……诸如此类。当合适的条件出现时，转变会自然而然地发生。当一个人的隐喻发生转变时，他们对世界的看法、所做的决定及采取的行动也会随之转变。

要让干净的教练方法取得成效，并不一定要聚焦在隐喻上。有些客户可能会认为，针对活跃的隐喻景观展开教练会谈有点"怪"，这让他们感到不舒服；有些客户并不像大多数人那样善于使用隐喻。进行干净的教练会谈时，教练必须适应客户，而不是让客户适应教练。尽管教练要注意尽可能把客户的语言"转换"为隐喻，但更为重要的是，教练要能够使用客户使用的任何语言进行会谈。

如果你发现客户没有隐喻，或者他们不想以这种方式进行会谈，请考虑一下你自己的信念是否在阻碍你。也许是你自己认为"怪"，也许你以某种方式暗示了这一点？这个客户的什么行为确实表明他不喜欢使用隐喻来进行教练会谈？

定义隐喻

在第一次迭代中，我鼓励你带着要记住客户所说内容的意图去听，这样，你就可以通过准确地重复客户所说的话来对其进行认可。虽然你在倾听客户**强调**的内容，但你没有倾听任何特定的内容。现在到了开始特别关注客户的自生隐喻的时候了。

你很可能是在学校的语法课和文学课上第一次接触到隐喻。如果是这样的话，你就会知道隐喻是一种修辞手法，就像明喻、成语、类比等等。你可能已经讨论过诗人、小说家和剧作家使用的一些很特别的隐喻，比如莎士比亚的《整个世界就是一个舞台》(*All the world's a stage*) 或华兹华斯的《我像云一样孤独地漫游》(*I wandered lonely as a cloud*)。从传统上来说，隐喻被认为是一种修饰，或用一个术语替换另一个术语。

然而，在过去 30 年左右的时间里，认知语言学家对隐喻产生了极大的兴趣。他们研究了隐喻在我们的生活乃至文学作品中所扮演的角色。研究人员估计，我们在日常讲话中平均每分钟使用六个隐喻 [波利奥 (Pollio)，1994]。

你可以亲自验证这一说法，并开始培养自己捕捉隐喻的能力。选择一个实景表演的电视或广播节目（不是按照剧本来表演的节目），比如访谈或真人秀，把你听到的所有隐喻记下来。在英国广播公司的《妇女时间》这个节目里，在一段关于商业投资的两分钟访谈中，我听到了下面这些隐喻：

"隐喻"这个词本身就是一个隐喻。它与单词"双耳瓶"（amphora）有相同的词根。双耳瓶是一种用来储存珍贵的油和香料并将它们从一个地方运送到另一个地方的容器。

这并不能让他们**成长**。

妇女**面临**着特殊的**障碍**。

只是为了**抓住**一个要点。

一头雾水

前进一步，后退两步

他们需要脸皮再厚一点

口头抨击

他们的业务不够刺激，无法**吸引**外部投资。

乔治·莱考夫（George Lakoff）和马克·约翰逊（Mark Johnson）率先向我们展示了隐喻不仅仅是一种表达自我的方式，也是我们思考和行动方式的核心。他们指出：

> 隐喻的本质是用一种事物来理解另一种事物。

这一定义来自他们的著作《我们赖以生存的隐喻》（*Metaphors We Live By*，1980），书名为隐喻在我们生活中的重要性提供了有力的线索。莱考夫和约翰逊认为，我们是通过隐喻的方式来理解世界的。例如，我们经常会用和食物有关的词来表达"想法"这个抽象概念。

那是精神**食粮**。

没有必要**填鸭式**地向代表们灌输。

那个论点听起来很**可疑**。

这里有太多的事实，我没法完全**消化**。

他满脑子都是**半生不熟**的想法。

人类的理性不是与身体分离的，而是由我们的身体本性和身体经验所塑造的，这一观点被称为"具身认知"。在过去的十年里，研究人员已经证明，抽象概念和描述这些抽象概念的隐喻之间有着明确的关系。来自多伦多大学的钟谦波和杰弗里·J. 列奥纳德利（Chen-Bo Zhong and Geoffrey J.Leonardelli，2008）注意到，我们经常使用与"冷"有关的隐喻来描述孤独或被拒绝的感觉。

他们设计了一个实验：在传球游戏中，一些人比其他人接到了更多的球。这些接到更多球的人就会感到被包容，而另一些则会感到被排斥。之后，参与者可以选用各种食物和饮料，包括热咖啡、饼干、冰可乐、苹果和热汤。那些感到被排斥在外的人比那些感到被包容在内的人更有可能去喝热汤和咖啡等温暖的东西，这表明被排斥的体验给他们的身体带来了寒冷的感觉。

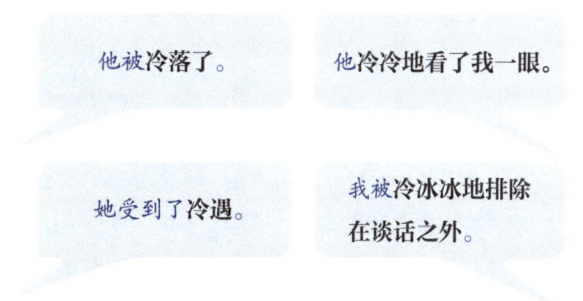

他被冷落了。

他冷冷地看了我一眼。

她受到了冷遇。

我被冷冰冰地排除在谈话之外。

第二次迭代　隐喻

在此基础上，约书亚·阿克曼、克里斯托弗·诺切拉和约翰·巴奇（Joshua Ackerman, Christopher Nocera and John Bargh, 2010）展示出，物体的重量、质地和硬度会影响我们如何看待他人以及我们如何作出决定。

- **重量**：沉重的隐喻通常关乎严肃性和重要性。

> 我们在考虑**重大**问题。

> 我认为你不了解情况的**严重性**。

轻盈的隐喻则与不太重要的事情有关。

> 一本**轻松**的读物。

> 他们**轻视**我们的胜利。

在一项实验中，路人应邀来评估求职者的简历。一半的人在做这项任务时拿着轻便的剪贴板，另一半人拿着厚实的剪贴板。那些拿着厚实剪贴板的人会认为求职者更重视工作。

- **质地**：先让志愿者完成一些拼图，然后让他们阅读一篇关于两个人之间互动的文章。如果志愿者用手感粗糙的砂纸完成拼图，而不是用表面涂有清漆的手感光滑的纸片完成拼图，他们就更可能认为文章中两人之间的互动是一场冲突。

这与"粗俗的语言"和"艰难的一天"等隐喻相匹配。

- **硬度**：坚硬的隐喻通常与稳定性、刚性和严格有关：

> 她是我的**支柱**。

> 他**铁石心肠**。

在一个实验中，坐在没有垫子的硬椅子上的人比坐在有软垫子的舒适椅子上的人更不愿意在价格谈判中妥协。

这里还有一个例子可以在个人经验中验证：当我们感到悲伤或沮丧时，我们可能会躺下或感觉身体下坠，而当我们感到高兴时，我们更有可能站得笔挺。所以，我们把快乐和向"上"联系在一起，把悲伤和向"下"联系在一起。

> 我的感觉**很好**。

> 我**垂头丧气**。

> 那件事**把我的兴致提起来了**。

> 他最近兴致很**低**。

> 我的情绪**高涨**。

> 我的情绪**低落**。

大量与身体有关的隐喻进一步证明了"具身认知"这个概念。我一直在列一个清单，到目前为止已经收集了600多个例子，包括下一页显示的例子。

左侧	中/头部	右侧
吹毛求疵	面对困难	领先
乳臭未干		洗脑
不反抗（送上另一边的脸）		熟视无睹
口惠而实不至		鼻子气歪了
忍气吞声	阴险的	住口
讨厌		冲我发火
无关痛痒		担当
	说出来	
	问题的核心	
拒人于千里之外		张开双臂欢迎
	不感兴趣（没胃口）	
	没胆量	
	一根筋	高压手段
经验法则		
屈服		一切尽在掌握中
行窃老手		
孤注一掷		祝演出成功
本能反应		
立场坚定		坚持立场
	如履薄冰	

除了人的身体，佐尔坦·科韦切斯（Zoltan Kövecses，2002）还发现了隐喻的其他五大来源：

- 生物（如动物、植物）
- 人造产物（如建筑物、机器、工具）
- 人类活动（如游戏、运动、战争、金钱）
- 环境（如热、冷、光、暗）
- 物理学（如空间、力、运动、方向）

甚至当我们只是在谈论概念时，隐喻也往往隐藏在其中。史蒂芬·平克（Steven Pinker，2007）在《思想的素材》（*The Stuff of Thought*）一书中展示一份措辞严谨的文件（"美国独立宣言"，*United States Declaration of Independence*）是如何依靠隐喻来支持其观点的。

在人类事件的**进程**中，当一个民族**解除**其与另一个民族**相连**的政治**纽带**成为必然，并在世界各国之间享有自然法则和自然之神**赋予**其独立和平等的**地位**之时，出于对他人观点之尊重，他们**必须**宣布双方不得**分离**的理由。

他接着指出，即使是像"事件""必然"和"法则"

这样的抽象词汇，其核心也包含着具体的隐喻。例如，"event"（事件）一词来自拉丁语"evenire"，意为"出来"。随着时间的推移，词语的本源已经消失了，其隐喻性变得不再明显，而我们只会注意到那些最明显的隐喻。

詹姆斯·盖里（James Geary）指出，隐喻并不局限于口语或书面语。在2011年出版的《我非我》（*I Is An Other*）一书中，他列举了广告的视觉效果，也列举了"竖起大拇指"这个手势就是用一件事理解另一件事的非语言例子。另一个例子是人们用把手挥过头顶的手势来表示不明白。

大卫·格罗夫比大多数人都更了解隐喻的重要性，并将什么"算作"隐喻的范围从手势、物体、画面扩展到姿势、凝视、面部表情、眼睛动作、咕哝、叹息、咳嗽、嗅闻、"嗯"（轻哼词）、"啊"（感叹词）和其他声音等。

越来越明显的是，隐喻不再仅是诗人和作家作品中的点缀，而是我们思维方式和构建生活方式的核心。正因为如此，隐喻成为如此强大的教练媒介。但首先，你必须学会把它们从我们使用的所有其他单词和短语中甄选出来。

隐喻影响一切，让我们——诗人和非诗人——都以流动的、非同寻常的方式体验和思考世界。

——詹姆斯·盖里

隐喻是创造现实的方式。不同的隐喻创造不同的现实，因此，真理总是相对的，并与其自生隐喻相关。

——托马斯·塞尔乔瓦尼（Thomas Sergiovanni）

隐喻无处不在，它存在于语言中，也存在于想法和行动中，甚至连我们思考和行动的概念系统也具有隐喻性质。

——乔治·莱考夫和马克·约翰逊

即便是高度抽象的想法，也在某种程度上依赖于人们如何与真实世界互动。

——丹尼尔·卡桑托（Daniel Casanto）

身体的智慧比最深刻的哲学的智慧都多。

——弗里德里希·尼采（Friedrich Nietzsche）

隐喻介于晦涩难懂和司空见惯之间。

——亚里士多德（Aristotle）

隐喻在一个紧凑而令人难忘的包裹里承载了大量的信息。

——詹姆斯·劳利和彭妮·汤普金斯

隐喻揭示了我们用身体思考的程度。

——德雷克·贝内特（Drake Bennett）

隐喻有办法在最小空间里容纳最多真理。

——奥森·卡德教授（Orson Scott Card）

隐喻是情感的第一语言。

——菲利普·哈兰德（Philip Harland）

隐喻就隐藏在鲜活的生命中。

——格雷戈里·贝特森

除非你用恰当的隐喻来感知事物，否则你不会理解它。

——罗伯特·肖（Robert Shaw）

识别隐喻

当你开始注意人们在日常用语中使用的隐喻时，你会发现，尽管人们平均每分钟使用六个隐喻，但有些人使用得多，有些人使用得少。当然，使用多少也取决于他们所处的环境。

有些隐喻比其他的隐喻更明显。这里有一个非常明显的隐喻，它是在客户会谈开始时突然出现的：

> 那就像一根可以把东西扎穿的通红滚烫的铁棒。无论穿过什么，这根铁棒都会将其融化、使其干枯。无论是稻草还是小树枝，一两英寸之内的东西都会干枯。毫无疑问，没有什么可以阻止我。

像这样完整而明确的隐喻不会每两分钟出现一次，但当它们出现时，你很容易发现它们。有时，未经发展的隐喻就已经很明显了。例如有人说**"我想生活在快车道上"**，我们马上就知道这是一个隐喻，明白他并不是想在高速公路上露营。同样，如果他们说**"这个企业需要一个更强大的基础"**，那不太可能是说他们工作所在的建筑物需要一些支撑，更有可能的是，他们在谈论企业需要做什么才能更成功。

下面再举几个我认为很明显的隐喻的例子：

- 那就像一幅拼图少了一块图片。
- 我在与大自然合作，而不是与它作对。
- 没有测试地面就推进工作，这是没有意义的。
- 我的心在说"是"，我的头脑在说"不"。

从技术上讲，第一个例子陈述的是明喻，因为它以"那就像"开头。美岛绿柴田等人（Midori Shibata et al., 2012）做的调研表明，我们的大脑处理隐喻和处理明喻的方式不同，因此，

- 他就像一只早晨起来感觉头疼的熊。（明喻）

不同于：

- 他是一只早晨起来感觉头疼的熊。（隐喻）

然而，在象征性建模时，只要有人用一件事来谈论另一件事，他们就是在做隐喻性的陈述。如果你听到下面短语中的任何一个，隐喻很可能会紧随其后：

就好像……
就像……
它类似于……
看似……
它使我想起……

当隐喻不那么明显的时候怎么办呢?

有时候，日常用语对我们来说太熟悉了，以至于我们没有考虑过其隐喻性。下面是一些例子：

- 我匆忙**下**了结论；
- 我的第**一步**是研究这个课题；
- 我有航海的**背景**；
- 我的思路不太**清晰**；
- 我想跟你**扯平**；
- 我被人**摆布**；
- 它**充满**了潜力。

在每一个例子中，仅仅一个词就能指出这句话的隐喻性。然而，（在我看来）这些短语的隐喻性明显超过下面这些短语，因为其隐喻性的唯一线索只是一个小介词：

- 我要**跨越**那个事件；
- 我**让**他失望了；
- 我**与**恐惧共存；
- 我**坠入**爱河了。

我判断一个特定的短语是否具有隐喻性的方法是：我能否用一个画面或图表来展现它，尽管我知道说话者并没有直接表达出那个意思。

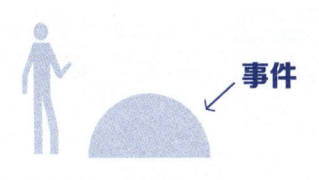

我要**跨越**那个事件。

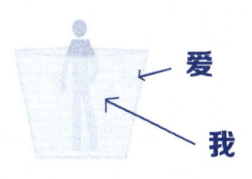

我**坠入**爱河了。

正如我上面提到的（第 74 页），许多抽象词汇的词根都源于隐喻。因此，你是否将一个表达归类为隐喻，一定程度上取决于你的词源知识（词汇的来源），以及你是否能发现那些源于隐喻的词根。我也会用"我能画出来吗"这个方法来做测试。

下面这几个例子是比较抽象的句子，都暗含隐喻。

- **我认为这些条款和条件相当严格。**

"条款和条件"对我来说没有任何隐喻的味道，但"严格"（restrictive）让人联想到一个画面，一个人在一个盒子里几乎没有任何移动的空间。我在词源词典中查了"严格"一词，发现其来自拉丁语动词"restringere"，意思是"牢牢绑定"。一个更准确的画面应该是一个人被绳子绑着，它肯定也包含着这个人无法移动的意思。

- **我被申请信淹没了**

表面上看，这个陈述根本不是隐喻。"淹没"（inundate）和"申请信"（application）都是概念词。但是我创造了一个画面：一个人坐在一张桌子旁边，桌上的一堆邮件摆得那么高，以至于我们几乎看不见那个人了。然后我查了"淹没"（inundate）这个词，它指漫出或洪水。我的画面还是合理的，即申请信如洪水般涌来。有趣的是，"apply"这个词来自 applien，意思是"加入其中"。

一旦你在倾听和提问时开始注意客户的非言语行为，你会获得另一类隐喻性信息。我最近遇到一个人，他有兴趣了解有关干净语言的知识。我们长谈了一次，聊得很开心。分别时，我的同事问她觉得这次会面是否有用。"哦，岂止是有用。这就像……"她一边说，一边把自己的两个食指放在桌子上，间隔大约三英寸，非常专注地看着。最后她终于以"一扇通往全新世界的大门"结束了她的话语。她的手指似乎在她能够用语言表达之前的 15 秒就已经知道答案了。

看看下一页的序列图。我从左到右列出了最不明显的隐喻和最明显的隐喻。这个排列是粗略而主观的；我按照这些隐喻的明显程度由低到高而从左到右来进行排列。你可能不同意我的排列顺序，这没有关系；重要的是，你需要既能识别很明显的隐喻，也能识别不明显的隐喻。

非语言行为包括：手势、面部表情、身体动作、姿势、凝视、声音、叹息、咕哝、咳嗽、嗅闻、"嗯"和"啊"。	我让他失望了。	我内心深处有个地方知道我想要什么。	我不是只会一招，也不是只会十招。我会千方百计搞定这份工作。	那就像一根可以把东西扎穿的通红滚烫的铁棒。无论穿过什么，这根铁棒都会将其融化、使其干枯。无论是稻草还是小树枝，一两英寸之内的东西都会干枯。毫无疑问，没有什么可以阻止我。
	我坠入了爱河。			
	我匆忙下了结论。	这是我跨出的第一步。		
我认为这些条款相当严格。	我与恐惧共存。	我有航海的背景。	倾听他人，有助于他们把现在的一些想法倒出来，从而腾出空间接收新的想法。	
我被申请信淹没了。	我要超越那个事件。	我被遣送到一个陌生的城镇。		
	我的思路不清晰。			
有变化的重复是促进理解的核心。	它充满了潜力。	不同的人会带来不同的经历。	没有基本的测试就推进工作，这是没有意义的。	就像一幅拼图少了一块图片。

最不明显的隐喻
（最无意识）

最明显的隐喻
（最有意识）

有个常见的现象：客户使用一连串的隐喻，来表达他源自一个"更深层"且更无意识的隐喻。詹姆斯·劳利（2001）曾经教练过一位经理。这位经理希望能够**在咄咄逼人的高管面前守住边界**。詹姆斯注意到他使用的一些隐喻：

- **我气炸了；**
- **我陷入了进退两难的境地；**
- **他的方法是先找出你的弱点然后再攻击你；**
- **部队正在逐渐瓦解；**
- **我会在激烈的交锋中失控。**

当詹姆斯向客户重复这些话时，客户很**震惊**，原来他认为必须**捍卫**自己的**领土**，才能站在**胜利的一方**。他决定，不要再像这个隐喻一样继续下去了，于是选择了一个管弦乐队的隐喻：

> 他用这个（新的）隐喻来评估自己和其他人的行为：我是否像管弦乐队的成员一样融入其中？什么时候我是第一小提琴手，什么时候我演奏三角铁？当我主持会议时，我们是否都在演奏同一首曲子？我的指挥是否恰当？

这位经理认识到，将工作看作一场战斗极大地影响了他应对同事的方式，尤其是应对那些高管层的方式。在接下来的几个月里，他逐渐改变了自己的行为，使其更符合乐团的隐喻。令人惊讶的是，高管们也开始改变对他的态度。

杰拉尔德和林赛·萨尔特曼（Gerald and Lindsay Zaltman, 2008）确定了七个常用于表达渴望的结果的"深层"隐喻：

旅程	保持在正轨上 我在十字路口 公园中的漫步
容器	状态良好 状态不佳 充满潜力
连接	向他人伸出援手 他和别人疏远了 我被触动了
平衡	镇定 应对多重任务 了解事情的两面性
蜕变	翻开新的一页 给自己充电 过去的生活一去不复返
控制	超出我的掌控范围 螺旋式失控 自动驾驶模式
资源	我的生命线 我未来的关键所在 让钱打水漂了

这份清单并不完善，但值得记住——在客户思考其渴望的结果的过程中，这些隐喻可能出现在客户的隐喻景观中。例如，我分析了 30 个教练会谈记录，发现其中 24 个使用了"旅程"这个隐喻。

任何隐喻都可以揭示信息，也可以隐藏信息，意识到这一点很重要。我们都赞同想法就像食物一样，我们把想法吸收进来，甚至把它们消化掉，但如果仅仅局限于这个隐喻，我们可能会忘记自己也有能力从内部产生新的想法——食物是做不到这一点的。

> 隐喻创造了洞察力，但也会让你视而不见。隐喻有解放的力量，也有限制的力量。它们可以赋能，也可以耗能。它们可以是创造的工具，也可以是自我设限的监狱。
>
> ——加雷斯·摩根（Gareth Morgan）

我们使用的语言中有很多具有隐喻性，那还有什么是**没有隐喻性**的呢？除了隐喻性语言和概念性语言（可能暗含隐喻），我们还需要注意感官性语言。

感官性语言是我们在谈论可以通过感官直接体验的事物时所使用的语言。例如：

- 他正沿着海滩散步；
- 钟声大作；
- 这条路结了冰；
- 那些橙子汁水四溢。

因为隐喻借鉴了肢体与感官世界，你是否把一个人的话当作隐喻总是取决于上下文。如果客户说"**我能看到明亮的太阳**"，他可能是在谈论真实的太阳或隐喻性质的太阳。他的位置、语调及他之前所说的内容通常会表明这是哪一种太阳。

如果你错把感官性信息当成了隐喻也没关系，反之亦然。客户只会听到一个干净的问句，而不会像你一样作出种种区分。大部分时候，询问感官性信息是最好的选择。但是，如果一个客户说"**我希望在我的生活中有一个新的男人**"，那么问"**什么样的男人？**"更符合逻辑。

练 习

当你在听广播或看电视时，注意倾听其中的隐喻性语言。记下明显的隐喻、不明显的隐喻以及与身体有关的隐喻。你能识别"深层"的隐喻吗？请在看电视节目的时候注意其中的非语言隐喻。

发展隐喻

大卫·格罗夫早期探索隐喻时做了一系列尝试，其中包括为经历创伤记忆和患有恐惧症的越战老兵提供心理咨询。他发现，有些人尽管对某些特定事件仍有感觉，却无法触碰对这些事件的回忆。

> 如果你不能获得清晰的记忆，你还能获得什么？我开始非常仔细地观察对话中发生了什么。我注意到，如果在他们说话时，我不强迫他们，他们就会自然而然地开始使用隐喻来描述自己的经历。我意识到这是另一种构建经历的方式。我认定，隐喻是一种值得研究的完整的语言。
> ——大卫·格罗夫，1996

大卫碰巧在开发干净语言的那段时间里对隐喻产生了兴趣。他发现，当使用干净的问题去发展一个人所使用的隐喻时，他可以更直接地处理那些很自然又无意识地通过隐喻表达出来的独特体验，这样也避免了用自己的想法污染这些体验。

> 第一个目标是让语言保持干净，允许客户的语言自行显现。
> ——格罗夫和帕泽，1989

抑郁的人可能会说："有一片乌云笼罩着我。"焦虑的人可能会抱怨："我的胃里有个死结。"大卫认为，通过直接采纳这样的隐喻提出简单的问题，尽量不带任何假设，就可以让隐喻"活起来"。客户可以从这个过程中获得丰富的信息，进而有效地设计符合自身经验、属于自己的干预措施，而不是采用大卫设计的措施。

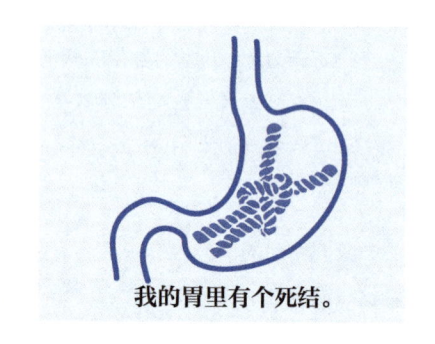

有一片乌云笼罩着我。

我的胃里有个死结。

太阳可以出来，一个死结可以被解开。

彭妮和詹姆斯发现，大卫经常专注于单个词语。大卫说，客户带着"大量未经区分的信息"来找他，帮助客户区分这些信息的不同方面可以为转变奠定基础。

你可以选择出一个特定的词语，在一个特定的**位置**将其发展成一个独特的**象征性符号**，由此展开这个区分过程。开始时，可能只有一个象征性符号，当选择更多的词语和象征性符号，并找出这些象征性符号之间的关系后，客户就在其内在和周围发展出一个由隐喻和象征性符号组成的完整的隐喻景观。

你可以把每个隐喻都想象成许多相互关联的象征性符号。

隐喻	符号	关系
就像一朵花长在强壮的茎上	花，强壮的茎	上面
我在克制自己的情绪	我，情绪	克制
就像乌龟把蛋埋在沙子里面	乌龟，蛋，沙子	埋，里面
就像一个带桶的水车，当轮子转动时，桶里就加满了水	水车，桶	带，当……转动时……加满
我需要信任他	我，信任，他	需要，把……交给……

> 人们习惯于使用一些常见的隐喻和惯用语，一旦（用干净的语言）展开探索，这些隐喻和惯用语对个人而言就变得独具韵味、非比寻常。
>
> ——劳利和汤普金斯，2006

注意，象征性符号都是名词。

与此类似，隐喻景观由许多相互关联的隐喻组成。对梦幻岛的描述（第23页）很好地说明了这一观点。

发展隐喻的第一步是识别单个象征性符号。我用真实会谈的部分记录来充分说明这一点。

案例分析 2：糖果手杖

教练：你希望发生什么？

客户：我想感受到卓越，而且充满潜能。

教练：那么，你想感受到卓越，还有充满潜能。那么，当卓越的时候，那个卓越在哪个位置？

客户：哦，就在我身体的正中间。(手势向下)

教练：那么，就在你身体的正中间。那么，关于你的身体正中间，还有什么？

客户：它就像一根钢棒那样结实(手在上下移动)，支持着我，支撑着我。(身体坐直了)

教练：那么，像一根钢棒那样结实，支持着你，支撑着你。那么，关于那根钢棒，还有什么？

客户：是金色的。

教练：那么，是金色的。一根钢棒，金色的……

客户：嗯，它不是纯金色的，它有(手指作出旋转的动作)……你知道，就像一根糖果手杖……有金色的条纹，也许还有非常明亮的、闪闪发光的铂金色条纹。

我们发展象征性符号的目的是使其：

- 不会转瞬即逝；
- 具有某种可以不断演化的形状；
- 可以相互影响；
- 易于记忆；
- 在客户的隐喻景观中有一个位置。

发展一个隐喻景观还是需要一点时间的，你会希望在稍后的会谈中还能再次引用这些象征性符号，所以，充分发展这些符号很重要，可使其便于记忆。

像"卓越"这样的词根本不具有隐喻性——它会处于不太明显/更明显的排列图解的最左边——但通过让客户一直关注这个词，并提出"发展类问题"，卓越的象征性代表物就出现了。

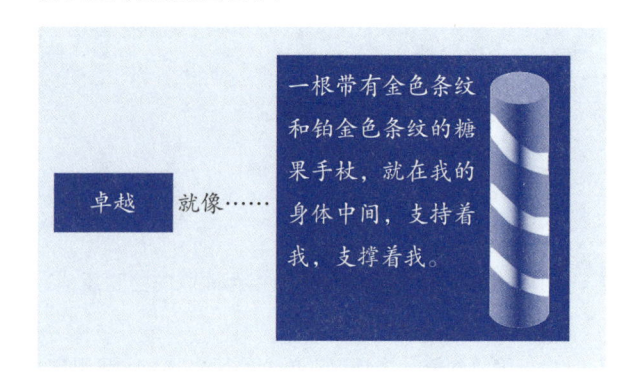

卓越　就像……　一根带有金色条纹和铂金色条纹的糖果手杖，就在我的身体中间，支持着我，支撑着我。

针对任何象征性符号，我们随时可以提出更多的问题。例如，在这个例子里，我可以问："那么，关于那根糖果手杖，还有什么？"那什么时候该停止提问呢？

一个被充分发展了的象征性符号将具有：

- 一个名称；
- 一个位置；
- 一些属性（这些属性能关系到其形状——颜色、形状、大小、质地等——或关联其功能）。

或者当你问"关于……还有什么？"的时候，他们说"没有了"。

比如：

名称	糖果手杖 （请注意，名称从"卓越"改为"钢棒"，再改为"糖果手杖"。你要使用客户为他的象征性符号给出的最新名称，这样你就可以在新信息出现时和它们保持和谐的关系。）
位置	就在我身体的正中间。
属性	·金色条纹和铂金色条纹 ·支持我 ·支撑我 ·结实的

我们通常需要找到三四个甚至更多的属性来确保一个象征性符号易于记忆，尤其是在一场教练会谈刚刚开始的时候。

在发展每个象征性符号时，我会看看自己是否能把它画出来。当通过电话进行教练会谈时，我可能会画一张草图。如果是面对面的会谈，当客户用他们的身体向我展示所有东西的确切位置时，画画通常就没有必要了。我会通过注意客户的手势（比如这个客户向下移动或旋转的手势），在客户的身体里面和周围用想象力描绘那些象征性符号，仿佛它们真的在那里。这些符号好像"活起来"了，变成了三维立体图像，有真实的尺寸，是"活生生的"——这让我和客户都很容易记住。当我用手或眼睛指向这些象征性符号时，客户的注意力也会转到相应的位置上。很快，我们两人的全部注意力都集中在客户的隐喻景观上。

在发展完**卓越**的隐喻之后，重要的是要记得客户也提到了**充满潜能**，所以我的下一步是回溯到客户最初回答的内容，从**糖果手杖**开始，再返回之前的所有回答，一直回到**充满潜能**。

教练：那么，金色条纹，还有非常明亮的、闪闪发光的铂金色条纹。

同时，很结实，就在你身体正中间。你想感受卓越，而且充满潜能。

那么，当充满潜能时，关于那个充满潜能，还有什么？

客户：哦，关于充满潜能，它是……只是……（双臂在身前绕大圈的手势）我不知道它是什么，但不管它是什么，它充满潜能。

教练：那么，你不知道那是什么……

客户：不，它只是有点模糊不清（手仍在划圈），但它充满潜能。

教练：那么，当它有点模糊不清并充满潜能的时候，那个模糊不清在哪个位置？

客户：哦，就在这里，就在我面前（她在身体前面比划着）。

教练：那么，就在那里。那么，当它模糊不清的时候，关于那个模糊不清，还有什么？

客户：它是不透明的，我看不透（把手伸出来）；有点像棉花糖，但不是粉红色的。

教练：那么，有点像棉花糖，但不是粉红色的。同时，是不透明的，你看不透它。

那么，当不透明的时候，那是什么样的不透明？

客户：有丝丝缕缕的东西，就像棉花糖一样，只是（用双手在她面前表示"丝丝缕缕"）……有点……它们不会飘走，只是在周围蔓延。

> 在能够用语言描述这个象征性符号之前，客户已经生成了一个非语言描述。

> 尽管她的手势准确地表明了充满潜能的位置，我还是会问，那个**模糊不清**在哪个位置？以确保客户有意识地觉察到这些信息。

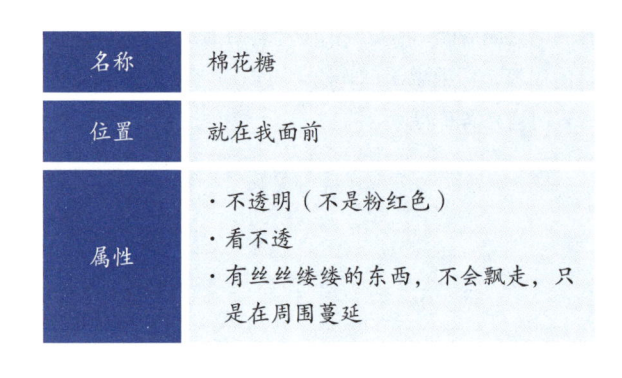

在被问了五个问句之后，客户知道：

名称	棉花糖
位置	就在我面前
属性	・不透明（不是粉红色） ・看不透 ・有丝丝缕缕的东西，不会飘走，只是在周围蔓延

潜能　就像……

> 不透明的棉花糖在我面前；看不透；有丝丝缕缕的东西，不会飘走，但会在周围蔓延。

我用了哪些问句来发展象征性符号？下面列出了我用来发展**卓越**和**充满潜能**时用的问句，我已经把其余的句式去掉，以便让所有问句一目了然：

那个**卓越**在哪个位置？
关于你**身体的正中间**，还有什么？
关于那根**钢棒**，还有什么？
关于那个**充满潜能**，还有什么？
那个**模糊不清**在哪个位置？
关于那个**模糊不清**，还有什么？
那是什么样的**不透明**？

你立刻会发现，在这部分会谈中，我只用了三个不同的干净问句：

关于……还有什么？
什么样的……？
……在哪个位置？

大多数时候，这三个问句以及"……在哪里？"是发展一个象征性符号所需要的一切，它们是主要的发展类问句。由于我们已经在上一次迭代中详细讨论了前两个问句，现在我们来关注"……在哪里？""……在哪个位置？"这两个问句。

让客户在隐喻景观中发现象征性符号的位置非常重要，这一点无论怎么强调都不为过，就像人们需要知道事物在现实世界中的位置一样。这样一来，无论他们旅行到什么地方，都知道行李在哪里。客户需要知道每个象征性符号在他们的隐喻景观中的位置。这不仅会让他们记住这些符号，也会让你记住它们，并引导客户关注到它们。此外，不同物体之间的空间关系对特定景观的呈现方式也有很大的影响。

知道象征性符号的位置，增加了客户在自己的景观中体验心理激活的机会，使其更有可能朝着有效的方向发展和转变。如果客户在一个心理景观里有了鲜活的感受，就好像与那个景观产生了真实的连接——如同我们可以与电影或小说中的人物产生连接一样，我们会有情感反应，仿佛他们真实存在，尽管我们知道他们不是真实的。

> 当某人以这种方式对其内部和周围的空间（他们脑海里想象出的空间）产生反应时，我们就说这是一个心理激活了的空间，在这样的空间内所发生的任何事情都特别重要。比如，客户对巧合或同步性的觉察力会提高，并由此获得新的见解和想法。
>
> ——詹姆斯·劳利，《个人化的沟通》
> （*Personal Communication*）

在哪里？在哪个位置？

"……在哪里？""……在哪个位置？"这两个问句几乎可以互换使用。总体而言，你可以把它们看作是同一个问句的两个版本，每个版本都有一些变体：

在哪里？	在哪个位置？
……在哪里？	……在哪个位置？
在……哪里？	在……哪个位置？
那是在哪里？	那是在哪个位置？
那个……在哪里？	那个……在哪个位置？
那些……在哪里？	那些……在哪个位置？

"关于……还有什么？""……是什么样的？"这两个问句几乎可以用于任何语境，但在日常谈话中，我们不会针对隐喻所在的位置提问。有些人会直接回应这个提问，也有人可能会显得很困惑，不知道你是什么意思。因此，贴合客户的状态很重要，只有当你认为他们**能够**回答这个问题时，你才能提出这个问题。这可能是当他们：

- 在说话时，无意识地指出象征性符号的位置，例如，通过打手势或凝视特定的某个点；
- 正在谈论某种感觉时，如喜悦、愤怒或恐惧；
- 提及自己身体的一部分时，如心脏或头部；
- 谈到自己用身体做了一些事情时，比如放松或让自己舒服一点；
- 说了一个非常明显的关于空间的隐喻时。

如果这些情况当中的任何一种发生了，你就值得问问"……在哪里？"，看看客户是否能确定某个象征性符号的位置。如果他们还不能确定，那么等到有证据表明他们已经准备好了后，你再使用这个问句。请注意，即使某个隐喻对你来说是显而易见的，客户可能一开始并不理解那个符号的本质是隐喻。

很多人谈到自己正处于**舒适区**，对我来说，这个说法距离"明显的隐喻"还有一半的距离。既然**区域**很明显是与空间相关的，我很想问的是，那么，**当你在舒适区时，舒适区在哪里？**

客户曾用不同的方式回答过这个问题：

- **它就在我周围；**
- **它是一个离我身体三英尺的圆圈；**
- **当我和相处融洽的人一起工作时**（比如客户会这么回答，好像我提出的问题是"你什么时候身处舒适区"）；
- **我不知道你是什么意思**（同时表情茫然）；
- 以非语言方式回应，把一只手放在离地面大约一英尺的地方，表示舒适区的高度。

无论客户的回答是什么，你都要顺其自然。如果客户不喜欢用隐喻的方式展开教练会谈，那你就使用他们常用的任何语言，也许根据他们的无意识隐喻（第 79 页）来决定提出哪些问题，而不必刻意突出那些隐喻。尽量不要让客户再次感到茫然，而要让他们有更多机会能够回答你的提问。

案例分析 3：一个温暖的茧

客户：我在自己的舒适区里。

教练：那么，当你在自己的舒适区里时，那是什么样的舒适区？

客户：那时候，我可以放松下来，并且知道自己做得很好。

教练：那么，你可以放松下来，并且知道自己做得很好。那么，那就是当你在自己的舒适区里的时候，关于那个舒适区，还有什么？

客户：有时候，我会远离自己的舒适区，那时候，我就会感到紧张。

教练：那么，在你的舒适区里……有时候远离舒适区，那时候，你会紧张。那么，当你在你的舒适区里时，你的舒适区在哪个位置？

客户：哦，它就在我的周围，好像我就在一个温暖的茧里面。

这时候，我决定探索**温暖的茧**。因此，下一步是发展这个隐喻。到目前为止，这个隐喻有一个名称（**茧**），有一个位置（**我的周围**）和几个属性（**温暖；当我在里面的时候，我可以放松下来，并且知道自己做得很好**）。一般来说，帮助客户了解每个象征性符号的具体位置是一个好主意，所以我又问了"……在哪里？"引出如下信息：

教练：那么，它就在你的周围，好像你就在一个温暖的茧里面。那么，当一个温暖的茧在你周围的时候，在你周围的哪里？

客户：它挺大的，里面有空间可以让我到处走来走去，也可以让其他人和我一起进来。它的膜壁似乎很有弹性。

教练：那么，当一个茧在你的周围，而且又大又暖，还为你和其他人提供了空间，还有膜壁，还很有弹性时，关于那个茧，还有什么？

客户：既安全又舒适。

帮客户发展出像这样的三维隐喻表达有点像在暗室中使用显影液冲洗照片的过程。照片一开始是模糊的，然后它开始聚焦，显现出越来越多的细节。这个关于**茧**的新隐喻是从先前的**舒适区**隐喻中逐渐发展出来的。这里有一个经验之谈，要发展正在浮现的新想法，放弃"旧"的说法。

这里还是毫无头绪。客户告诉我，当他在自己的**舒适区**里时会**发生什么**，但没有任何迹象表明，他有可能知道舒适区在**哪里**。

客户扩展了舒适区这个隐喻。现在有**里面**，也有**远离**。看来他现在可能知道舒适区在哪里了。

客户提到的位置经常是不明确的。例如，**在那里**可能有几英尺远，或者有几码远。所以，再问一个"……在哪里？"或者"……在哪个位置？"是个好主意，以此鼓励客户说得更明确一些。如果这样问了，你要去掉问句中的"是"，因为"那么，**在你的周围是哪里？**"这个问句就没那么好懂了。

第二次迭代　隐喻　89

附加的几个发展类问句

到目前为止，我们讨论过的发展类问句将能满足你在大多数情况下的需要。然而，还有几个问句也会不时派上用场。相比于那些主要的发展类问句，这几个问句不那么"开放"，背后也有更多的假设，所以你要弄清楚什么时候可以使用这几个问句，仍然要保持"干净"本色，这一点很重要。

发展象征性符号的形式

……有大小或者形状吗？

当象征性符号的位置已经确定，但你还不知道"它"是什么时，这个问句就很有用：

> 教练：那么，快乐就在你的心中，同时，它在闪闪发光。那么，当快乐就在你的心中，同时，它在闪闪发光时，它有大小或形状吗？
>
> 客户：它就像一颗大钻石。一颗大钻石闪闪发光，把无数小钻石洒向众人。

或者，也许你其实知道"它"是什么，但它的属性还很少：

> 教练：那么，有一堵墙，你就要撞到这堵墙了。那么，当你就要撞到这堵墙时，那堵墙有大小或形状吗？
>
> 客户：它就在我前面，就像我所能看到的，两边有墙。它和我一样高。

如果某样东西已经有一个明显的大小或形状，我就可能不会提这个问题了，例如，如果我问："那么，那颗钻石有大小或形状吗？"可想而知，客户会说："它是钻石形状的，笨蛋！"所以，我不会问这个问题，总有其他问题是可问的。

那儿有多少……？

如果某样东西明显不止一个，你就可以使用这个问句。在左边那个关于"快乐"的例子里面，我知道有很多钻石，所以这个问句就是一个有效的干净问句：

> 教练：那么，一颗大钻石，闪闪发光，把无数小钻石洒向众人。那么，那里有多少小钻石？
>
> 客户：哦，成百上千。我认识多少人，就有多少小钻石。

这个发展类问句有如下变体：

多少？

多少……？

有多少？

有多少……？

可能会有多少……？

可能会有多少？

发展象征性符号的位置

……是在里面还是在外面?

当你不确定客户所指的东西是在其身体的里面还是外面的时候,就可以使用这个问句:

教练:那份**快乐**的感觉<u>在哪里</u>?
客户:**这里**。(指向自己的胸部)
教练:**这里**的哪个位置?(指向客户的胸部)
客户:**就在这儿**。(指向自己胸部某处)

似乎也是有可能提问<u>就在这儿</u>的哪个位置。这时候,我可能会惹恼客户,或者如果我这样问了,他们可能会说<u>就在这儿</u>这样的话。因此,我用了另一个问句:

教练:那么,当一份**快乐**的感觉**就在这儿**(指向客户所指的那个地方),那种**感觉**<u>是在身体的里面还是外面</u>?
客户:哦,它在里面。它在我心里。

……(是)朝哪个方向?

这个问句是针对某个动作而设计的:

教练:那么,当一颗**大钻石**闪闪**发光**时,它是**朝哪个方向发光**的?
客户:从里到外,四面八方都在发光。

练 习

让你的练习伙伴从如下列表(或他们自己选择的另一个列表)中挑选一种品质或属性。那种品质是他们的一种资源,是一种他们已经拥有并重视的品质。

适应性	抱负	平衡
大胆	常识	仁慈
自信	勇气	创造力
好奇心	决心	同理心
专注	诚实	正直
直觉	快乐	有逻辑
正念	动力	开放
耐心	好玩	正能量
可靠性	灵性	力量
节俭	愿景	机智

使用发展类问句(参考第54页的列表),将练习伙伴选择的一个词语发展成一个象征性符号,并不断探索,直到该符号有一个名称、一个位置和几个属性。

那么，定义隐喻……

识别隐喻……

发展隐喻……

发展类问句……

那么，所有这些就像什么？

这部分就像我在隐喻心理模型学习之旅当中的一次吹哨叫停。

我们已经知道什么是隐喻、如何识别客户在说话时自然使用的隐喻、如何发展那些隐喻，以及哪些问句会帮我们发展那些隐喻。你已经见过如何引导客户关注诸如**"卓越""充满潜能""舒适区"**和**"快乐"**这样的词语，并且通过使用几个发展类问句，见证了这些词语如何演变为象征性符号，被称为**"糖果手杖""棉花糖""茧"**和**"钻石"**。

取得那些进展都还没有用到一个专门为识别隐喻而设计的问句：那个……像什么？

这就是通常人们熟知的"隐喻问句"，为此初学者经常对其情有独钟。这一点似乎显而易见：如果隐喻是用一种事物来理解另一种事物，那么，为什么不直接用"这个东西的隐喻是什么？"这个干净版本向客户提问呢？

但请注意，我只会在某些特定情况下提出这个问句，我也建议你这么做，因为这个问句并不是"万金油"。

例如，当客户还没有获得一个隐喻的时候，你可以用这个问句开始询问："当你……在自己的最佳状态时，那像什么？"

这个问句通常可以与"……有大小或者形状吗？"互换使用。互换的例子来自本书第 90 页的第一个例子。其中就没有问"……像什么？"，而是问了"……有大小或形状吗？"。

教练：那么，快乐就在你的心中，同时，它在闪闪发光。那么，当快乐在你的心中，同时闪闪发光时，那个在你的心中，同时闪闪发光……像什么？

客户：就像一颗大钻石。一颗大钻石闪闪发光，而且把无数小钻石洒向众人。

但在第二个例子中，我们就不能互换使用这两个问句。

教练：**那么，有一堵墙，你就要撞上去了。那么，当你就要撞上一堵墙时，那一堵墙像什么？**

客户：**就像一堵墙！**

如果你幸运的话，客户就会如此回应你。或者他们也许会说，"**那什么也不像**"。但许多客户会想要满足你的要求，就会把这堵墙比作别的东西：

客户：**就像被困在一个正飘向天空的气球里一样，我没法从气球里出去。**

当这种情况发生时，同一个事物就会生成两个隐喻，这会让景观变得相当复杂，不好处理。我担心一些教练会一遍又一遍地问这个问题，结果是火上浇油，听到一个个隐喻，把自己弄得稀里糊涂。这就是我把这个问句留到这部分的最后来分享、提醒你慎用这个问句的原因。

在所有的干净教练问句当中，这个问句要问得最缓慢、最小心。一种新的感知可能需要花些时间才能形成，这对大多数人而言都是急不得的。在使用这个问句之前，要先收集三四个属性，并使用完整的三段句式：

教练：**那么，动力是内在的、强大的、推动你前进的。那么，当动力是内在的、强大的、推动你前进的时，那个内在的、强大的、推动你前进的动力……像什么？**

客户：**像城际火车。**

你怎么知道……？

这个问句也会开始鼓励客户深入探究描述其自身经历的那些抽象词语的含义，并将那些抽象词语转化为有隐喻味道的描述。

"**你怎么知道……？**"邀请客户考虑自己所说的内容有什么证据。当其他问句都一无所获的时候，我就会使用这个问句。

案例分析 4：晾衣绳

克里斯为时间发展出一个隐喻：一条上面搭着衣服的晾衣绳，代表着发生的各种事情，而代表过去的那一部分都在他身后。他看着窗外说道：

客户：**未来的那部分晾衣绳就在外面，在我眼前，就像那边的房子那么远。我最远可以看到我的 40 岁生日，而我的 30 岁生日在这里，离我近多了。**

教练：**那么，当 30 岁生日在这里，离你近多了**的时候，关于那个，还有什么？

客户：**绳子上挂着一套漂亮的衣服。**

教练：关于 40 岁生日，还有什么？

客户：**我看不到自己 40 岁生日的样子。**

教练：**那么，当你看不到自己 40 岁生日的样子时，你怎么知道你最远可以看到自己的 40 岁生日？**

客户：**哦，我看见晾衣夹子在那里了，只是还没有看见衣服。**

第三次迭代
处理结果

我们的每次提问都是有意而为的。

——大卫·格罗夫

结果导向

作为一名教练，你一定很熟悉处理结果这个理念。你可能称这个结果为靶子、确定的成果、SMART 目标或其他什么，但原理是一样的：如果你想帮助某人实现愿望，你们双方需要先知道他的愿望是什么。

象征性建模与教练工作非常匹配，因为两者都是结果导向的过程。针对客户体验的任何方面所提出的干净问句都会让他受益，而且当你们双方都知道前进方向时，收益会大不一样。

根据丽莎·韦克（Lisa Wake, 2008）的报道，米尔顿·埃里克森曾经说过："心理治疗是两个人坐下来，试图弄清楚其中一个人到底想要什么的过程。"教练过程也是如此。

有些客户从一开始就很清楚自己想要的是什么，会把一次教练会谈的时间全部用于构建自己的愿景，并制定实现愿景的方法。他们只是想从 A 到 B，需要一些帮助来澄清 B，并向 B 迈进。

隐喻的使用让客户在教练会谈期间频频获得新洞见，其中任何一个洞见都可以改变教练会谈的方向。他们最终意识到自己根本不想要 B，而是想要 C。

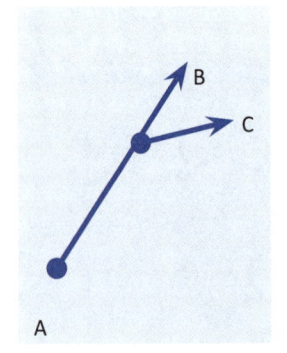

许多来找教练的人知道自己不想要什么（A），但不知道自己想要的是什么。他们在为自己的困境（A）找一个解决方案（D），并且，需要一些帮助来确定自己真正想要的是什么（C）。

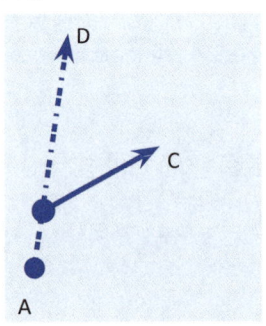

最后，有些客户受制于困境，需要很长一段时间才会发现其渴望的结果（E）。

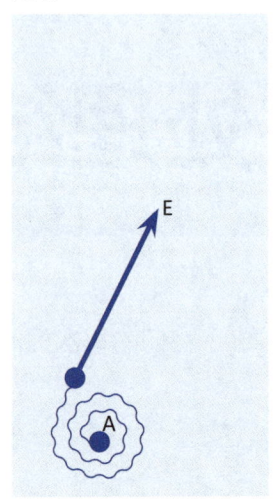

当然，一次教练会谈可能会历经百转千折，这些图简单描述了几种可能的会谈方向。重点是，**你需要时刻关注客户渴望的结果**，这样你就会知道客户当下渴望的结果是什么。如果客户（还）没有一个渴望的结果，你就要意识到你还没有获得这条重要的信息，要倾听和留意任何和结果相关的迹象，或伺机邀请客户说出一个他自己渴望的结果。

案例分析 5：保持正轨

在一次教练会谈开始的时候，安东尼（Anthony）告诉我他想要自己的**会议保持正轨**（B）。当我开始探索**保持正轨**时，一个**火车**的隐喻出现了。

安东尼理想中的会议场景就像是乘坐一辆蒸汽火车沿着一条单轨展开一次短途旅行。铁轨（火车也一样）会停在栅栏前，栅栏外就是车站。所有的乘客都会下车，然后火车会回去接下一批乘客。

然而，当安东尼描述这一场景时，他意识到这根本不是他自己想要的。难怪他在会议中备受煎熬：他试图在尽量短的时间内让每个人都同意他的观点，然后离开——他甚至没有把他们带到车站！

因此，安东尼重新设计了这趟火车之旅（C），包括一条更长的轨道和几个车站，还有一个村庄，有一名销售人员在村里与大人物们谈论他们想要什么样的旅程，一名乘警可以让乘客很开心，一名火车司机带着一张时刻表，他会与乘警沟通，并根据需要在其他车站停车。

一旦安东尼渴望的结果得到了充分的发展，我们也经过核对发现一切都是可行的，这样，他就做好了将新计划付诸行动的准备。几周后，他告诉我，他现在会将其他人的建议纳入自己的议程，并寻求互惠互利的结果，而不是试图迫使所有人都同意他的观点。

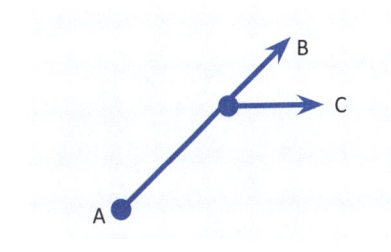

上图：安东尼想要的第一个结果。
下图：安东尼最终想要的结果。

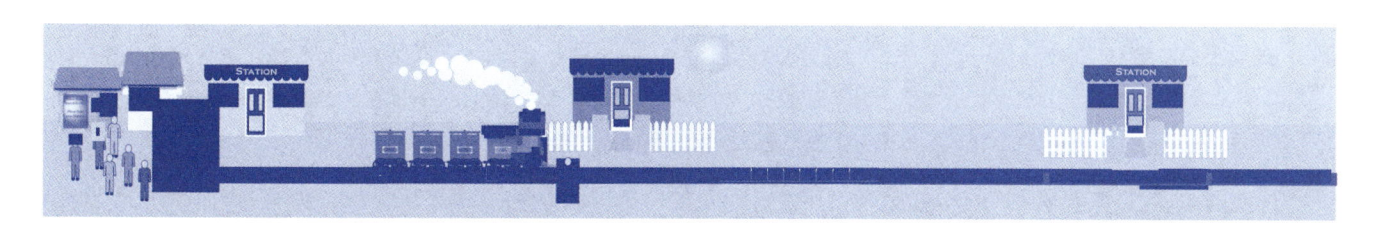

为什么从结果开始？

下面我将解释为什么每次教练会谈的开场都以发现客户渴望的结果为目标，而不是直接讨论他们的那些困境，甚至讨论他们提出的各种解决方案。

一般来说，人们更想谈论自己的困境，而不是讨论自己渴望什么。探索客户渴望的结果有助于**恢复平衡**。大卫·格罗夫过去常说自己是"一个在信息方面给别人平等机会的雇主"，确保自己在倾听客户时能够听见其系统内的各种声音。

如果你不知道客户想要什么，就很难知道该鼓励他们关注什么。在教练会谈开始时探索客户渴望的结果，你就可以**更容易地知道**，随着其隐喻景观的逐渐生成，**你要提出什么问题**；你知道该往哪个方向走。

当你知道了客户想要什么，你就**会更容易知道，你想提的问题与客户想要的结果有关**（干净），还是与你想给客户的结果有关（不干净）。

清楚地了解自己渴望的结果会激发客户的**自驱力**。

客户渴望的结果就是你和他们之间的**协议**或**合约**。知道他们想要的是什么，可以帮助你判断你何时已经履行了教练合约。

客户视角的重大转变，**常常只需要探索和发展客户渴望的结果这个过程，可能根本不需要探讨困境**。

你也许认为，只要能摆脱困境，一切就都会好起来。按照作家和创造性思维专家罗伯特·弗里茨（Robert Fritz, 1989）的说法，摆脱困境通常不会带来长久的进步。他说，阻止人们前进的原因是，人类倾向于走"最小阻力之路"。我们选择了"容易"的路径，但我们那些习惯性的思维方式和行为模式很可能会导致困境再次出现。

弗里茨创造了"结构性冲突"一词，来描述这种从困境到解决方案再回到困境的振荡。

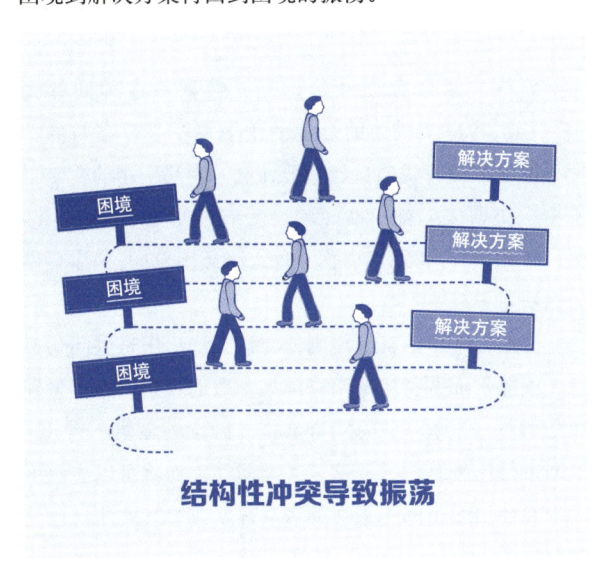

结构性冲突导致振荡

他说，如果我们确实想要取得进展，我们就必须制造"结构性张力"。这意味着从困境中跳出来，问自己："我想要什么？""我想去哪里？""我想创造什么样的生活？"如果有一个清晰的愿景，并且对当前的现实有清醒的认识，我们就会感受到一种张力，而且因为我们选择了"最小阻力之路"，我们就会努力消除这种张力。知道目的地，我们就会有条不紊地付出努力：我们发挥创造力找出到达目的地的方法，前进自然发生。

> 解除困境和创造是截然不同的。解除困境是采取行动从而让一些东西（困境）消失，创造是采取行动从而让一些东西（创造物）出现。
>
> ——罗伯特·弗里茨

结构性张力寻求解决方案

第三次迭代　处理结果　99

怎么处理困境?

谈了这么多渴望的结果,你可能想知道如何面对困境。毕竟,在生活或工作中感觉顺风顺水的时候,人们通常不会来找教练。

当然,探询困境和探询渴望的结果都是有价值的,从头到尾都没有提到困境的教练会谈是很少见的。我的建议是,在开始探讨任何困境之前,**首先**帮助你的客户弄清楚他们想要什么。如果你知道他们渴望的结果是什么,你就会知道需要处理困境的哪些方面,才能让他们获得自己渴望的结果。

史蒂芬·柯维(Steven Covey,1992)把这一点称为"以终为始":

> "以终为始"是指在开始时就要清楚地了解你的目的地,就知道你要去哪里,这样你就能更好地理解自己目前所处的位置,从而总是朝着正确的方向一步步前进。(它是)基于万物都是二次创造的原则,第一次创造是意识中的创造,而第二次创造是物质上的创造。

你可能熟知的"奇迹问句"是焦点解决教练(Solution Focused Coaching)创始人之一的茵素·金·伯格(Insoo Kim Berg)设计的。如果她提了一个问题,客户回答说"哦,除非发生一个奇迹!",伯格就会再即兴提出一个问题,后来这个问题发展成这个样子:

> 假设今晚你入睡后,一个奇迹发生了,立即解决了那些让你来这里寻求治疗的困境。但由于你当时正在睡觉,你不可能知道这个奇迹已经发生了。当你第二天早上醒来时,你怎么知道奇迹发生了呢?如果你不告诉别人,他们怎么会知道奇迹发生了呢?
> ——史蒂夫·德·沙泽尔(Steve De Shazer),1994

当某人回答这个问题时(除了回答"我不知道"),他们开始描述一个没有困境的世界。但他们最初的回答可能还是**指向**一个困境。史蒂夫·德·沙泽尔的一位客户回答说:

> 我起床以后,一点都听不到母亲和别人吵架的声音,这会让我如释重负。

彭妮·汤普金斯和詹姆斯·劳利称这种回答为"解药"。客户所描述的是他的困境将不复存在时的情境,但他并没有说出自己想要什么。在我引用的文字记录中,史蒂夫·德·沙泽尔接着问,如果不和别人吵架,母亲会做什么。过了一会儿他又接着问:"你会做什么?"

当然,干净语言的规则让我们无法提出奇迹问句或德·沙泽尔那些特定的跟进问句。取而代之的是,彭妮和詹姆斯(2006)开发了 P.R.O.(困境—解药—结果)模型来帮助教练们区分这三大类回答,你就可以决定下一步要使用哪个问句来帮助客户开始或继续关注自己渴望的结果。

困境	解药	结果
描述了客户不喜欢的某种现状或未来的情况。	描述希望某种情况变少或消失的愿望、渴望或需要。	描述客户想要（或想要更多）的东西。
举例： · 我总是欠债。 · 我最大的问题是失眠。 · 我很担心下周的演讲。 困境类陈述不包含任何表达渴望的词语。	举例： · 我希望我没有欠那么多债。 · 我不想在半夜醒来。 · 我想摆脱烦恼。 解药类陈述包含表达渴望的词语——希望事情消失或变少。	举例： · 我想找份报酬优渥的工作。 · 我想睡个好觉。 · 我想更自信。 渴望的结果类陈述包含表达渴望的词语，不涉及任何困境。

P.R.O. 模型

注：图中及后文的不同阴影深度和下划线形状分别对应"困境""解药""结果""资源"的表述。——编者

资　源

如果<u>困境</u>是我们<u>拥有</u>但<u>不想要</u>的东西……
<u>结果</u>是我们<u>想要</u>但<u>没有</u>的东西……
那我们<u>拥有</u>且的确<u>想要</u>的东西呢？
这些东西就是<u>资源</u>。

资源是客户相信对其有积极价值的东西，可能是一种技能、一种品质或一种价值。确保客户能够获得自己的资源，并欣赏这些资源，这是教练活动的一个重要方面。

你可以针对一个特定的资源开始提问：当你在最佳……状态的时候，那像什么？以此开始一次教练会谈。（在我们的培训中，我们从一开始就让参加者为其资源建模，这样，他们就可以先获得一些建模技能，再去探索往往更复杂的渴望的结果。）

当你为客户所渴望的结果建模时，你可以用"你希望发生什么？"这个问句来开始教练会谈。你不需要有任何预知，只需要在会谈过程中听出与资源相关的表达。发展出内心丰盈的状态，客户就能做成以往做不到的事情，这在会谈的后期可能会大有裨益。例如，如果客户进入了内心匮乏的状态，最好把他们的注意力转移到有资源意义的象征性符号或隐喻上。某个代表资源的象征性符号有时也可能派上用场：一把金钥匙可能会打开一扇门，或者一缕阳光可能会融化树干周围积累的冰霜。

但是：

词语和隐喻的积极或消极意义并不具有普适性——反而具有主观性和相关性。"爱"这个词可能听起来很积极，但某种特别的爱可能会令人窒息。黑洞听起来不太好，但它可能是躲避暴风雨的好地方。

——劳利和汤普金斯，2000

因此，只有当客户直接（例如，"这太棒了！"）或间接（例如，通过他们用来描述隐喻的形容词或通过他们在表达时使用的非语言行为）告诉你时，你才会知道某样东西对客户来说代表着资源。如果你认为一个词、短语或姿势可能是一种资源，并且值得探索，你总是可以用一两个干净的问句来检验自己的直觉。

资源

描述客户喜欢并且不想摆脱的一种现状。

举例：

- 我有很多钱。
- 我总是睡得很好。
- 我自我感觉非常好。

资源类陈述不包含任何表示渴望的词语。

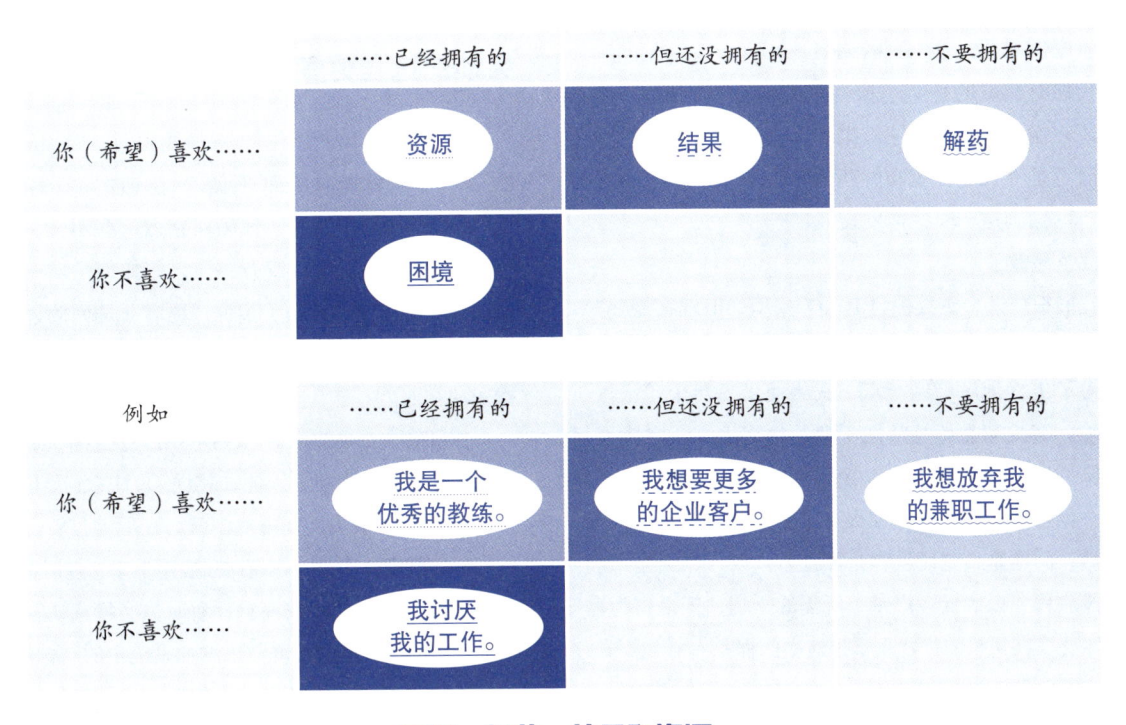

	……已经拥有的	……但还没拥有的	……不要拥有的
你（希望）喜欢……	资源	结果	解药
你不喜欢……	困境		

例如	……已经拥有的	……但还没拥有的	……不要拥有的
你（希望）喜欢……	我是一个优秀的教练。	我想要更多的企业客户。	我想放弃我的兼职工作。
你不喜欢……	我讨厌我的工作。		

困境、解药、结果和资源

到底是谁的结果?

詹姆斯·劳利将象征性建模比作盲人冲浪。看起来好像你知道自己要去哪里,可突然就在海里摔了个倒栽葱。这一页的内容可能让你有类似的感受。上一页我们还在愉快地讨论专注结果和资源而不是专注于困境和解药的好处,可翻到这一页,你发现我已经改弦易辙了。

我们很快还会继续探讨 P.R.O. 模型,但现在需要探索与结果相关的另一个方面:结果属于谁?

为了更好地解释这一点,我将使用另一个"旅程"的隐喻。客户和教练经常把干净的教练比作一次旅程,这次旅程可能是在一个无名小公园里的一次漫步,悠闲惬意;也可能是在一辆失控火车上的风驰电掣,令人毛骨悚然。问题是:这段旅程是属于客户的,你只是来加入这段旅程,以确保客户带上所需的一切,还是作为教练的你要坐在司机的位置来掌控这次旅程?

会谈的内容属于客户

当我们想到**内容**(客户期待从这次教练会谈中获得什么以及他们表达期待的方式)时,这段旅程当然是属于**客户**的旅程。教练会谈的总体目的是帮助客户收获他们想要的结果,而干净语言的规则有助于确保这一目标的达成。

会谈的过程更多取决于作为教练的你

多年来,不止一位教练对我说过:"我认为干净语言的本质就是什么都不做。"他们把"干净"等同于"一无所求"。然而,你确实在做一些事情。这个过程——从 A 到 B 或 C 或 D 或 E,你如何领航——更多取决于作为教练的你。(我说"更多"是因为,一旦隐喻景观在心里被激活,客户将开始"自我建模",并开始主动掌舵。)

你和客户都不知道下一次拐弯时会发生什么,这可能有点怪。再有,你的工作是要帮助客户注意到他们自己通常注意不到的事情,否则他们就会在原地打转,也不会发生任何转变。因此,你有时需要停下来,邀请客户四处看看,或者带他们绕道而行。有时你会特意让客户放慢向选定目的地前进的速度,以增加系统中的结构性张力。

当如上所述的事情都在一问一答之间发生时,教练会谈的过程就会令人很紧张。詹姆斯那个盲人冲浪的隐喻便由此而来。但是,如果在这个过程中,你带着一些**阶段性目标**,并且你能考虑一系列问题,而不是每次只考虑一个问题,你就可以让这个过程变得比较容易管理,效果也会更好。

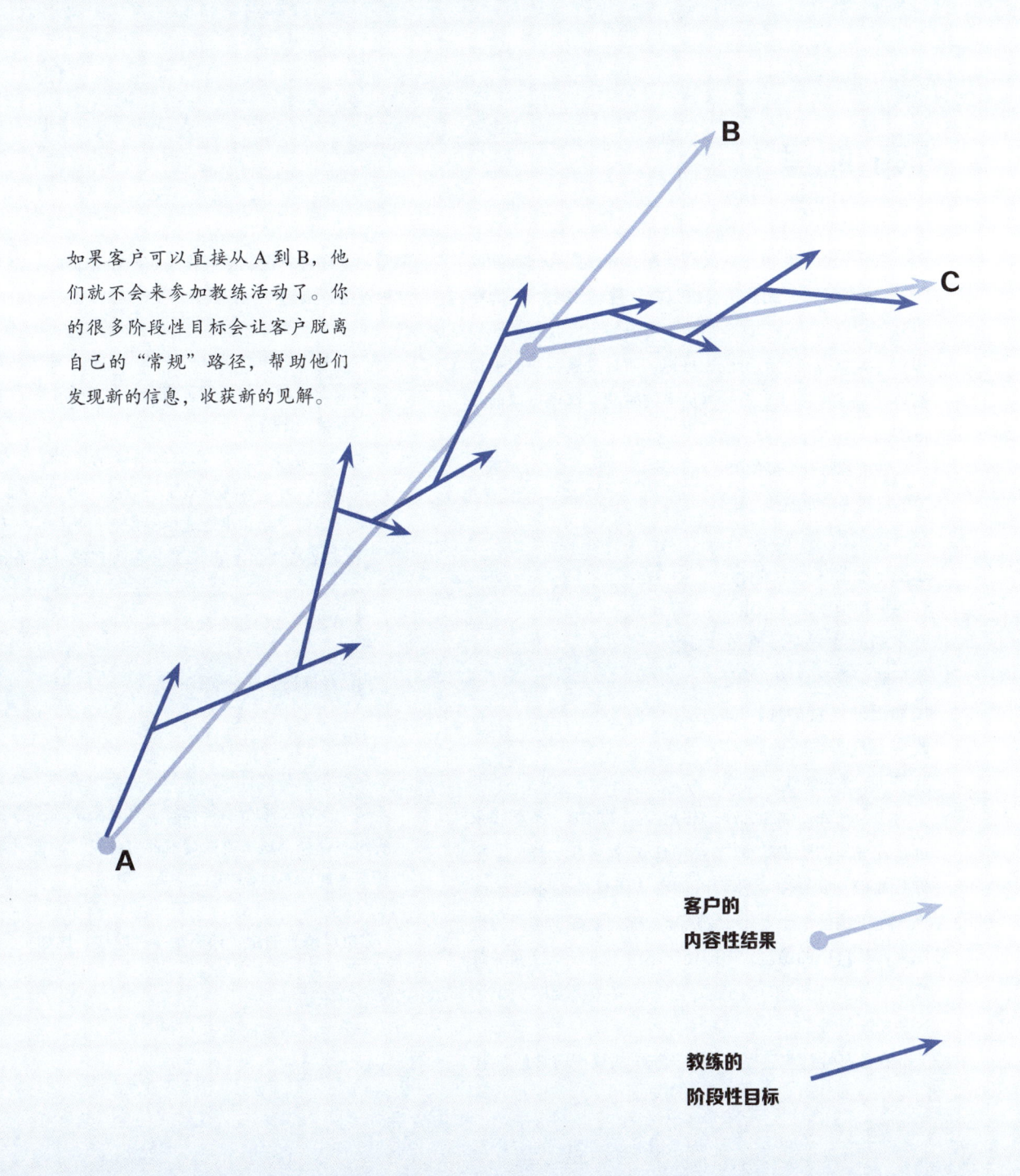

如果客户可以直接从 A 到 B，他们就不会来参加教练活动了。你的很多阶段性目标会让客户脱离自己的"常规"路径，帮助他们发现新的信息，收获新的见解。

客户的
内容性结果

教练的
阶段性目标

跟随航线

有一天，我们几个人聚在一起，为彭妮和詹姆斯的"与客户交流时的无意识思维过程"建构模型。詹姆斯想到了"盲人冲浪"这个隐喻。当天的一大收获是我们想到，教练有自己的阶段性目标，而且发展客户的视角需要花费比平常或自然所需更多的时间。这一点以前并不明朗。

我们称每一个新的阶段性目标为一个航线，这是一个航海术语。一名水手出发前往一个地标，但海风把他吹离了航道，并不断改变方向，他必须不断调整自己的方向，以靠近最终目的地。每改变一次方向，他就开启了一条新的航线。

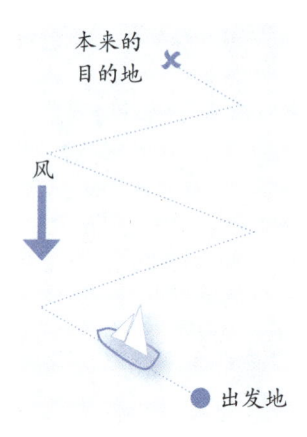

作为教练，你和客户一起出发。你的第一条航线永远是发现他们想去哪里。客户的反应就像风一样，会把你吹离航道。例如，他们可能会告诉你他们不想要什么，而不是他们想要什么。所以，你需要根据客户的情况来调整自己的做法。但即使你不得不走一条迂回的路线，就算要提出 10 个问题，你在过程中仍要时刻牢记这条初始航线。

在象征性建模过程中，一条航线的长度通常是 2~10 个问句，你可以把航线看作是将一个个提问与整个教练过程连接起来的一种方式。

- 每一次提问都有一个目的，并引导客户关注到自身经验的某些方面，但通常你需要提出好几个问题才能充分探索某一个看法。
- 有时，当你知道一个象征性符号的名称、位置及其三四个属性时，你就到达了一条航线的"结尾"。
- 但是，你通常会在中途选择一条新的航线，例如：
  - 某些重要的信息出现了，表明可能有一条更好的路径；
  - 客户决定他们想要驶向另一个地标。

我已经描述了几种航线：

- 识别客户渴望的结果；
- 发展一个象征性符号，直到它有一个名称、位置以及三四个属性（这个象征性符号可能会成为一条更长航线的一部分，这条更长的航线可能是"为客户渴望的结果发展一个隐喻"）。

你可以想到的是，还有很多种航线，比如：

- 发展一个困境；
- 在某个景观中酝酿转变；
- 识别一个资源。

然而，实际上，我们只要考虑四种不同类型的航线：

- 识别（例如结果、转变、资源）；
- 发展成一种形式；
- 在空间上关联；
- 在时间上关联。

这些航线的使用顺序及其相关内容的类型会因客户而异，但在一次教练会谈过程中的某一时刻，你只能做这四件事中的某一件。

如果你熟悉教练活动中常用的 GROW 模型，你可以把**目标**（Goal）、**现实**（Reality）、**选择**（Options）和前进的**道路**（Way Forward）看作是四条航线，把客户从他们所在的地方带到他们想去的地方。作为教练，你来决定何时改变方向。象征性建模的特别之处在于每一条新航线都是从对话中产生的，并不是事先设计好的路径。

话虽如此，你为整个教练会谈活动制定计划的做法还是有用的，即便你知道会谈可能不会按计划进行。下一页的概览显示了一次教练会谈的基本框架。当你学习那部分内容时，我要请你记住，尽管每次会谈都始于同一条航线（识别客户渴望的结果是什么），每次教练会谈的整体"样貌"会因为客户所谈的内容不同而大相径庭。

四种不同类型的航线

识别

发展成一种形式

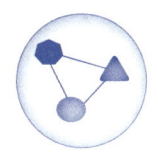

发现空间关系

发现时间关系

第三次迭代　处理结果　107

一次教练会谈的概览

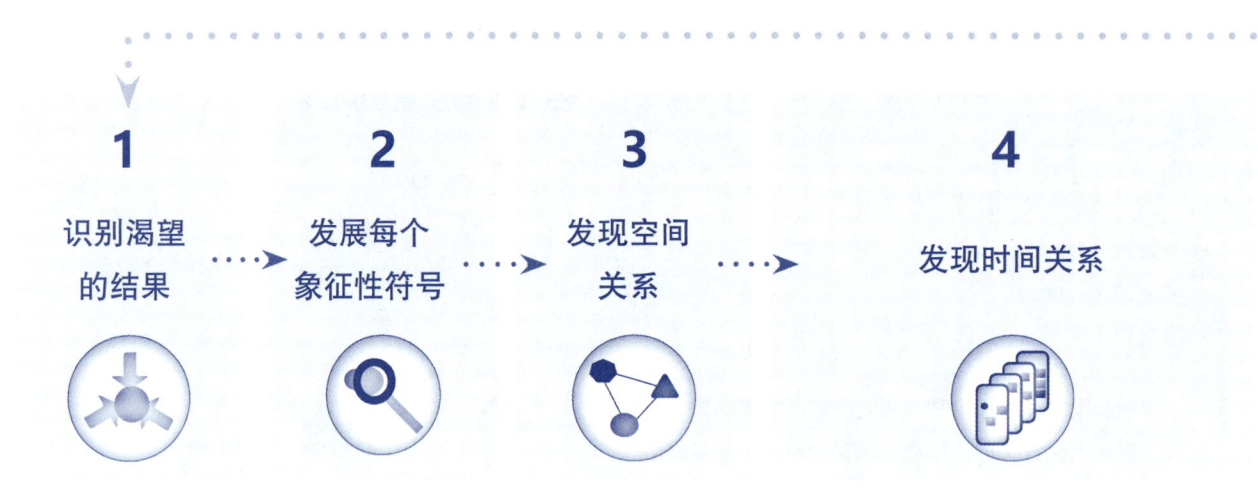

1 识别渴望的结果 ┈┈▶ **2** 发展每个象征性符号 ┈┈▶ **3** 发现空间关系 ┈┈▶ **4** 发现时间关系

询问客户"你希望发生什么？"，识别客户的回应是关乎困境、解药还是结果，并使用P.R.O.模型来确定下一步要提出什么问题。（参见第112-115页）

一旦你确定了客户渴望的结果是什么，就要去识别这个结果的不同方面，并把这些方面发展成不同的象征性符号，每个符号都有一个名称、位置和几个特质属性。（参见第116-121页）

当一些象征性符号已经形成时，让客户注意这些符号之间的空间关系将有助于"把它们串连起来"，这样，它们就从单个符号的集合变成相互关联的隐喻，然后形成一个完整的隐喻景观。（参见第131-133页）

当你将渴望的结果景观发展得很充分之后，很重要的一点就是去跟客户核对：客户获得了自己想要的东西，这会对其产生什么**影响**。通过将时间推进到未来，你可以帮助客户更了解到，当他们拥有了自己想要的东西时，情况会是什么样子的。（参见第137-143页）

当你在发展客户渴望的结果的景观及其影响时，你可能会发现一个重复出现的模式，你也觉得探索它的时间关系会有所帮助。这个模式可能是一个会阻止客户充分探索自己渴望的结果的障碍，或者是一个可能对客户有用的资源。（参见第144-147页）

在教练会谈过程中的**任何时候**，一旦出现任何重大**转变**的迹象，你就要着手"酝酿"这个转变。

1 识别转变 ⋯▶ **2** 发展每个象征性符号 ⋯▶ **3** 发现空间关系 ⋯▶ **4** 发现时间关系

一个重大的转变是指朝向客户渴望的结果发生的任何转变。（参见第 152–155 页）

符号出现，就像对待"渴望的结果"那样——发展这些新的象征性符号；如果某个符号发生了转变，就发展那个转变。（参见第 162–167 页）

当一个转变已经发生时，核对每一个既有象征性符号的位置（和属性），这一点非常重要，因为位置和属性可能也发生了转变 / 移动，以适应新情况。（参见第 162–167 页）

你也想知道时间的推移对每个转变会造成什么影响。如果到目前为止，景观中的一切都运转顺利，你可能想要结束这次教练会谈，或者那个结果的其他方面还需要深入探索。（参见第 162–167 页）

如果在过程中的任何时候，一个困境出现了，那就要去发现客户希望发生什么。

第三次迭代　处理结果　109

识别渴望的结果

识别客户渴望的结果,这是第一条航线,从提出下面这个问句开始:

那么,你希望发生什么?

这个问句的目的是邀请客户关注自己想要的结果:自己想要什么,或者什么是自己想要更多的。

尽管你邀请客户关注自己想要什么东西,但这并不意味着他们一定会去这样做。有时,他们会继续关注自己的困境;有时,他们回应这个问句时的用词方式表明他们想要的是一个解药,一种速效药:他们想"不要"那个困境。

请注意对话气泡中所示词语的类型。虽然在聆听客户时,你要以识别和跟踪渴望的结果为首要任务,但你也要有识别困境和解药的能力,这样你才能够:

- 让客户的注意力回到他自己渴望的结果上面;
- 在合适的时候发展这些词语;
- 晚一些时候再回到这些词语上面,看看那些已发生的转变的稳定性。

在教练会谈期间,每当你听到一个结果类陈述时,你就要竖起耳朵想一想:客户渴望的结果是否发生了转变?或者这是否是发生于一个较大结果范围内的一个较小的结果?你是否需要选择一条新航线?

当你听到一个困境类陈述时,你在发展它之前要仔细考量:你知道客户渴望的结果是什么吗?他们是否需要解决这个困境才能获得那个他们渴望的结果?你不能只因为自己好奇就去聚焦关注一个困境。

解药类词语
- 我不想……
- 我想停止……
- 我想避免……
- 我希望我不是……
- 我想要……走开

结果类词语
- 我想……
- 我想要……
- 我希望……
- 我渴望……
- 我需要……
- 我很乐意……

困境类词语
- 我害怕……
- 我讨厌……
- 我不喜欢……
- 我的恐惧是……
- ……让我担心
- 麻烦的是……
- 太可怕了

当你的客户针对一个困境说出一个丰富而有趣的隐喻时，你要特别小心——因为那个隐喻如此美妙，发展这个隐喻是一个非常诱人的选择，所以，你需要用一个比平时更长的停顿时间来斟酌自己的选择。

解药类陈述可能更难识别。就像结果类陈述一样，解药类陈述包含了很多表达渴望的词语，就像困境类陈述会表达客户不喜欢的东西一样。总的来说，结果类陈述是**靠近**或**创造新的东西**，而解药关乎**摆脱困境**。

就像本书中的其他模型一样，P.R.O. 模型并不像乍看上去那么一目了然，客户的陈述有时**很难**正好归于三类陈述之一。例如，"**我想调整我的睡眠模式**"可能被当成一个渴望的结果，因为这句话包含了"我想"这个词，而没有直接指向任何困境。但如果客户认为自己目前的睡眠模式是有问题的，那么这句话就是一个解药。（为了发现这句话是哪一类陈述，你需要提出另一个干净的问题。）

因此，如下图所示，我喜欢把 P.R.O. 模型看成一个从困境到解药再到结果的连续统一体，而不是三个不同的类别。如果有人说"**我想调整我的睡眠模式**"，我可能会这样问："**关于那个，还有什么？**"——希望他们对这个提问的回答会显示，刚才他说的那个是一个渴望的结果还是一个解药。像"**我想尽快赶完那些工作，把时间用于实现自己的目标**"这样的陈述包括一个解药（"**尽快赶完那些工作**"）和一个渴望的结果（"**把时间用于实现自己的目标**"），所以这句话既陈述了解药，也陈述了结果。

然而，该模型的主要目的是要帮你选择接下来使用哪个问句，并鼓励你将客户的注意力引向其渴望的结果，而且，为了实现这个目的，P.R.O. 模型的分类效果很好。如果客户表达了一个"想要的"，并且没有提到任何困境，那么将客户的回复当作渴望的结果符合干净教练的方法，因为你对于背景中可能存在的东西没有做任何假设。如果它实际上是一个解药，而不是一个渴望的结果的话，你很快就会发现。

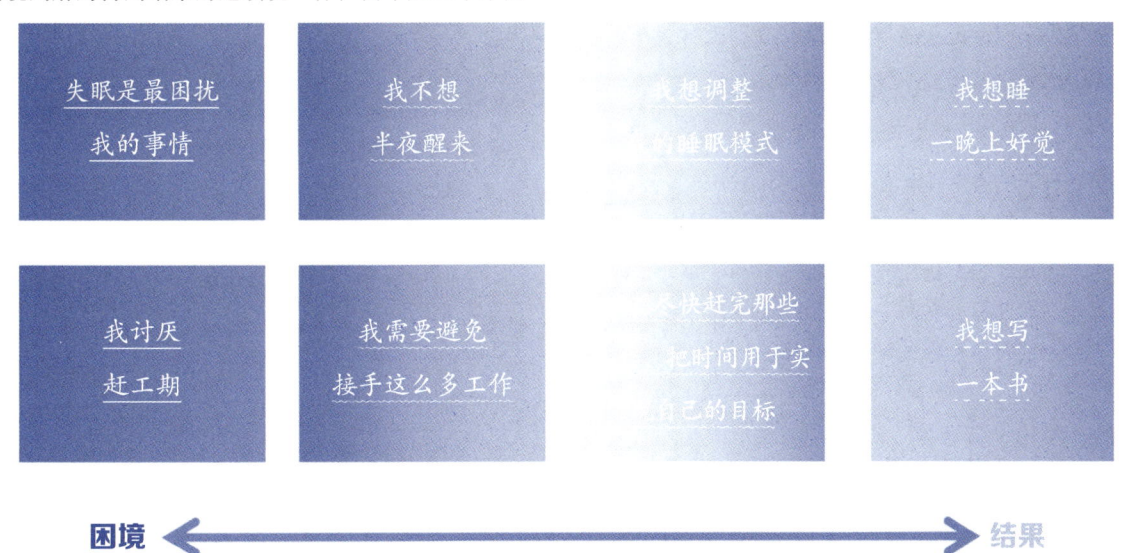

失眠是最困扰我的事情	我不想半夜醒来	我想调整我的睡眠模式	我想睡一晚上好觉
我讨厌赶工期	我需要避免接手这么多工作	尽快赶完那些把时间用于实自己的目标	我想写一本书

困境 ←─────────────────────→ **结果**

当……的时候，会发生什么？

困境

你提出一个问句，本想引出一个渴望的结果，却揭示了一个<u>困境</u>，这时候，你怎么办？

> 教练：那么，你希望发生什么？
> 客户：**我被卡住了。**

为了将客户的注意力引向一个渴望的结果，你就需要再次问他们"你希望发生什么？"。重复这个问句会让客户知道你是认真的，虽然你接纳其所处的困境，但你真的想让他们知道并说出自己想要什么。

很重要的是使用三步式句型（"那么……"，"那么当……的时候……"问句），它可以：（a）承认这个困境的存在；（b）让客户想着自己的困境；（c）考虑教练提出的问题。如果你不重复客户说过的话，他们可能会觉得自己的话没有被你听到，就可能把困境再说一遍。

提出的解药

如果同样的问句揭示了一个<u>解药</u>呢？比如，

> 教练：那么，你希望发生什么？
> 客户：**我希望摆脱困境。**

虽然这个人有一个愿望，但它其实是解药：**不要被卡住**。在这种情况下，问客户"那会怎么样？"或者"接下来会发生什么？"这些问句都能帮助客户思考摆脱困境的后果。这些问句与我之前提到的奇迹问句有类似的功能，但这些问句是干净的问句，不会暗示奇迹的想法（有些客户可能不接受奇迹这样的想法）。

在这种情况下，三步式句型也很重要。还要注意到的一点是（如下图所示），客户表达渴望的那个词（希望）被省略了。你会看到，如果问客户"那么，**当你希望摆脱困境**的时候，接下来会发生什么？"，效果是很不一样的。

> 那么，你希望发生什么？
> 我在坑里被卡住了。
> 那么，**你在坑里被卡住了**。那么，当**你被卡住了**的时候，你希望发生什么？

> 我希望从这个坑里出去。
> 那么，**你希望从这个坑里出去**。那么，当**你从那个坑里出去**的时候，接下来会发生什么？

渴望的结果

如果一个<u>结果</u>类陈述出现，你就选择那些你认为客户对其了解更多会有好处的单词或短语，着手发展他们。

教练：那么，你希望发生什么？
客户：**我希望沿着小路走。**
教练：那么，<u>当**你沿着小路走**的时候</u>，那个**走**是什么样的**走**？
或：那么，<u>当**你沿着小路走**的时候</u>，关于**那条小路**，还有什么？

就像解药类陈述一样，当你使用三步式句型里的"那么，当……的时候"来设置场景时，请省略那些表达渴望的词，比如<u>希望</u>。

P.R.O. 模型不仅仅用于教练会谈的开头。在会谈期间，一旦客户又绕进了困境里面，你就可以提出这个问题：

那么，<u>（困境）</u>。那么，当<u>（困境）</u>的时候，你希望发生什么？

每当客户提出一个解药时，你都可以问他：

那么，<u>（解药）</u>。那么，当<u>（解药）</u>的时候，然后会发生什么？（记得要省略表达"渴望"的词。）

每当客户提到一个渴望的结果，你就要发展这个结果：

那么，<u>（渴望的结果）</u>。那么，当<u>（渴望的结果）</u>的时候，关于<u>（从结果类陈述中挑出来的一个单词或短语）</u>，还有什么？（或其他发展类问句。）

> 我希望沿着小路走。

> 那么，当**你沿着小路走**的时候，那个**走**是什么样的**走**？

练 习

问问你的练习伙伴："那么，你希望发生什么？"写下他们的回答。他们的回答是一个<u>困境</u>、一个<u>解药</u>、一个<u>渴望的结果</u>，还是混合了不同类型的陈述？确定他们的回答是哪一类陈述，然后使用这几页提到的某个合适的问句继续这样的谈话，直到你的练习伙伴说出他自己<u>渴望的结果</u>。

你还可以在下面这个网站里找到一个 P.R.O. 小测验：www.cleanapproachesforcoaches.com。

P.R.O 在实践中的应用

案例分析 6：同在感

教练：那么，你希望发生什么？

客户：我有一份新工作，需要我做演讲，<u>我很害怕自己会力不从心</u>。

教练：那么，你很害怕自己会力不从心。当很害怕自己会力不从心的时候，你希望发生什么？

客户：我希望能够站在观众面前，有同在感。

教练：那么，当你能够站在观众面前有同在感的时候，那个同在感是什么样的同在感？

在这个例子里面，客户回答的第一句话包含一个<u>困境</u>（**我很害怕自己会力不从心**）。所以我问"你希望发生什么？"，这个问句引出了一个<u>结果</u>（**我希望能够站在观众面前，有同在感**），然后我就开始发展这个结果。

案例分析 7：不只是平庸

教练：那么，你希望发生什么？

客户：<u>有时候我觉得自己很平庸，我不喜欢平庸的感觉。我想有比平庸感更好的感觉。</u>

教练：那么，有时候你觉得自己很平庸，你不喜欢平庸的感觉。你想有比平庸感更好的感觉。那么，当你有比平庸感更好的感觉的时候，<u>然后会发生什么</u>？

客户：哦，然后我可以做任何事情。

教练：那么，然后你可以做任何事情。什么样的任何事情？

在这个例子里面，客户回答的第一句话包含一个<u>困境和一个解药</u>（**有时候我觉得自己很平庸，我不喜欢平庸的感觉。我想有比平庸感更好的感觉**）。所以我就问客户，当解药已经发生了，然后会发生什么？这个提问引出了一个<u>渴望的结果</u>（**然后我可以做任何事情**）。这个结果并不符合 SMART 标准，也不是一个发展得很好的结果，但这些都不重要。我接受这个结果此刻的样子，干净的问句将会让这个结果变得更具体。

案例分析 8：足够井然有序

教练：那么，你希望发生什么？

客户：**我在圣诞节前还有两周时间，在圣诞节和新年之间还有两天时间，在这两周加两天的时间里，我想把自己的日常事务和与客户相关的工作安排得井然有序，而且清空我的电子邮箱。**

虽然这个客户的回答里有一个结果，（在我看来）这个任务听起来也是可以完成的，所以我认为事情可能不像看上去这么简单。她为什么把这个话题带来做教练会谈？我没有马上在她的回答里选择一个单词或短语来发展象征性符号，而是决定再确定一下那个结果的大致范围。

教练：那么，两周加两天，把自己的日常事务和与客户相关的工作安排得井然有序，还要清空电子邮箱。那么，关于那个，还有什么？

客户：**是的。如果要做到足够井然有序，我会按时完成任务。如果我试图做到完美，就不能按时完成任务。**

这里有一个潜在的问题：足够和按时完成，或者完美和不能按时完成。对她来说，这个两难问题显然是个困境。我猜她想要前者，因为她已经提到了时间的限制。但她其实并没有说出自己的偏好，所以我决定不要带着我的那个假设继续谈，而是核对一下。

教练：那么，如果要做到足够井然有序，你就会按时完成任务，（停顿）如果试图做到完美，你就不能按时完成任务。那么，你希望发生什么？

客户：**我希望做到足够井然有序。足够就好。**

教练：那么，你希望做到足够井然有序……足够就好。那么，当你做到足够井然有序的时候，关于那个足够，还有什么？

现在，渴望的结果变得更清楚了：在其所述的时间框架以内，让日常事务和电子邮件足够井然有序。看来，对这些工作而言，足够可能是关键，所以我开始发展足够这个词。在这个阶段，没有必要去发展做到完美。在这种情况下，做到完美是一个困境，而且客户似乎已经很了解这种模式了。

第三次迭代　处理结果　115

发展一个渴望的结果

这里的两个案例分析说明了如何识别客户渴望的结果，以及如何通过专注于**识别**和**发展**一个个象征性符号，让客户的结果景观浮现出来。（每条新航线都标注了序号。）

案例分析 9：舞者与手

这份文字记录了我与马丁之间的一次教练会谈，马丁当时在参加一个线上研讨会，我在那次会上示范了一次简短的干净教练会谈。

①识别渴望的结果

教练：那么，你希望发生什么？

客户：**我想更放松地与这群人交谈。**

像往常一样，我以这个问句开始会谈："那么，你希望发生什么？"客户的回答是以结果的形式出现的，于是我开始发展这个结果。

放松是明显有待发展的词语；**与这群人交谈**目前好像是有问题的，所以针对这一点提问可能会让我们远离他渴望的结果。**放松**还有一个好处，那就是它很可能发生于客户的身体内部或身体周围。只要谈论**放松**就可能有助于客户进入一种放松的状态。

②把"放松"发展成一个象征性符号

教练：那么，你希望**更放松地与这群人交谈**。那么，当**放松**的时候，那个**放松**是什么样的**放松**？

客户：更自在。我的身体就不会那么紧张。

教练：那么，**更自在**，同时，**身体不会那么紧张**。关于**身体不会那么紧张**，还有什么？

客户：更流畅。我的动作就会更流畅。

教练：那么，**更流畅**，同时，**动作就会更流畅**，那么，那个**动作就会更流畅**像什么？

客户：就会像一个优秀的舞者。

请注意，在回答我的提问时，客户的描述是如何变化的。

放松 → 自在，不会那么紧张 → 动作更流畅 → 像一个优秀的舞者

这时，一个舞者的象征性符号已经出现。于是，我就发展这个符号。

③发展"舞者"

教练：那么，一个**优秀的舞者**。那么，那个**优秀的舞者**可能是什么样的**舞者**？

客户：**不是芭蕾舞者，也不是任何特定风格的舞者。他们**

有自己的自然风格。

教练：那么，舞者不是芭蕾舞者，也不没有任何特定的风格，有自己的自然风格。那么，当舞者有自己的自然风格时，那个舞者可能在哪个位置？

客户：在我的胸部。

教练：在你胸部的哪个位置？

客户：在底部……在我的肋骨相连的地方。

教练：那么，当舞者在你胸部的底部、在你的肋骨相连的地方时，关于那个舞者，还有什么？

客户：舒展的……大幅度的……宽广流畅的动作。

教练：那么，舒展的……大幅度的……宽广流畅的动作。那么，当动作是舒展的、大幅度的、宽广流畅的时，关于那些动作，还有什么？

客户：他们是自得其乐的，不是为了作秀，不在乎别人怎么想。

通过提出几个标准的发展类问句，我们现在有了一个名称、一个位置和几个属性：

名称	舞者
位置	在我胸部的底部，肋骨相连的地方
属性	・有自己的自然风格 ・舒展的，大幅度的 ・宽广流畅的动作 ・自得其乐的，不是为了作秀 ・不在乎别人怎么想

请注意，一开始的时候，马丁说他要更**流畅**，而且那个舞者**就会像一个优秀的舞者**。通过提问"那个舞者**可能**会是什么样的舞者？""那个舞者**可能**在哪个位置？"，我表达了对这些回答的不确定性本质的尊重。当马丁放弃了**就会**这个词时，我也放弃了**可能**这个词。

在回应这些发展类问句的时候，其他客户也许会给出舞者的身高、服装或其他关于外貌的信息。但马丁的回答都是关于舞者的风格和动作的，所以我首先提出的问题也是关于动作的，这个问法让我的提问过程与客户那边正在发生的事情保持同步。

发展了**舞者**之后，我回到马丁最初的陈述，开始针对**这群人**提问。

④ 把"这群人"发展成一个象征性符号

教练：那么，当一个舞者不在乎别人怎么想，还有宽广流畅的动作……在你胸部的底部、在你的肋骨相连的地方，还有，你想更放松地与这群人交谈，关于这群人，还有什么？

客户：我不知道这个问题的答案。

听到我的提问，客户的大脑里一片空白。当这种情况发生时，重要的是，你要接受这样的回答，并无所畏惧地继续进行教练会谈，而不是被客户这样的回答吓跑，或者试图解释你在"做什么"。我决定转而针对**交谈**开始提问。

⑤ 把"交谈"发展成一个象征性符号

教练：那么，你不知道这个问题的答案。那么，一位舞者……**你想更轻松地与这群人交谈**，那么，关于那个**交谈**，还有什么？

客户：**有更多的信任**。

马丁如此简短地回答了我关于**交谈**的提问，但我不确定**更多的信任**意味着什么。我暂且认为他的意思是，为了**放松**，他需要**更多的信任**。于是，我决定发展**信任**。干净语言的好处是，我的假设是什么并不重要。只要我坚持象征性建模的这个过程，客户就永远不会知道我的假设。在这种情况下，只有两个词可以探索。因此，我只有三个选择。我可以发展：**更多的、信任**或**更多的信任**。

教练：那么，当**有更多信任**的时候，那个**信任**在哪个位置？

客户：**还是在我的胸部**。

教练：**在你胸部**的哪个位置？

客户：**略高于舞者**。

教练：**那么，当信任略高于舞者时，那个信任有大小或者形状吗？**

客户：**有拳头那么大，是一只手，有时是打开的，有时是紧握的**。

注意，当客户说"**信任还是在我的胸部**"的时候，我没有假设它在同一个地方，还是问在"**你胸部的哪个位置？**"，以帮助他更具体地定位信任。史蒂芬·平克（2007）说两个实物不可能占据同一个空间和时间，而想象中的"事物"往往也是如此（虽然在有些人的隐喻景观中，两个实物有可能占据同一个空间和时间的）。

通常，每个象征性符号都有自己的位置。

我问他"**……有大小或者形状吗？**"，以此邀请客户考虑**信任**可能有什么形状。我想促使**信任**转化为一个象征性符号。当我知道某物的位置，但尚未发现其他属性时，我倾向于使用这个问句。在没有任何属性的时候，问句"**那个……像什么？**"不太可能奏效，而"**还有什么？**""**什么样的？**"这两个问句很可能引出又一个概念类描述。

既然我已经和马丁谈了一小会儿了，很明显，动作是一个核心隐喻，所以，我决定不直接针对**手**提问，而是针对**打开**和**紧握**提问。这样的问法又可以让我的提问过程匹配客户的隐喻的性质。

⑥发展"手"

教练：**那么，有时打开，有时紧握。那么，当有时打开、有时紧握的时候，关于有时打开、有时紧握，还有什么？**

客户：**是一开一合的节奏**。

教练：**什么样的节奏？**

客户：**一种自然的节奏**。

虽然**手**还没有很多属性，但我决定在这里结束这条航线，因为**自然**这个词又出现了。现在，有一个**自然风格**的**舞者**和一只有**自然的节奏**的**手**，这给我创造了一个好机会，来鼓励客户考虑这两个象征性符号之间的关系。我们将在下一次迭代中探讨这一点（会谈记录在第131页继续）。同时，这里有另一个例子，展示如何针对渴望的结果发展隐喻景观。

案例分析 10：扭曲的电线

路易丝是一家大型制造企业的公关经理，她在工作中遇到了冲突，这是她面临的困境。

① 识别渴望的结果

教练：那么，你希望发生什么？

客户：我不想再逃避冲突。

这是一种解药类陈述，所以我采用了 P.R.O. 模型。

教练：那么，你不想再逃避冲突。那么，当你不再逃避冲突时，然后会发生什么？

客户：我会对结果感觉更好。当我觉得自己遇到冲突时，我倾向于要么悄悄地、不易被察觉地、轻轻地赶紧跑出去，要么完全回避它。这样，就好像冲突没有发生，我根本不处理冲突。

客户刚开始谈到渴望的结果，紧接着就说了一大堆关于困境的细节。我决定直接关注这个困境，再次尝试针对渴望的结果提出问题：

教练：那么，你要么跑出去，要么完全回避它。那么，当你根本不处理冲突的时候，你希望发生什么？

客户：我希望能够与那个让我觉得有冲突的人留在那个房间里，理智地谈谈我们之间的冲突，向那个人提出我的观点，然后我再离开。我认为我容易陷入冲突的局面，说了"好吧"，然后离开时又不甘心，因为没有说出自己想说的话。

这句话是一个渴望的结果，清晰描述了她想要什么（尽管我注意到这个结果后面又跟上了一个困境）。这一次，我决定引导她关注结果那部分，而且打算针对**在房间里**提出一个问题：

教练：那么，你希望能够和那个人留在那个房间里，理智地谈谈冲突，向那个人提出你的观点，然后你再离开。

客户：是的，然后再离开，感觉我实际上已经得到了我想要的，或者说出了我想要表达的东西。

在我提问之前，路易丝又提供了一点信息。我更新了我的模型，并决定针对她离开时想要的**感觉**提问。

② 把"感觉"发展成一个象征性符号

教练：那么，感觉你实际上已经得到了你想要的，或者说出了你需要表达的东西。那么，当你离开、感觉你已经得到了你想要的时，那种感觉在哪个位置？

客户：就在上面这里。（一只手作出一个杯子的形状放在头顶上）

教练：那么，就在上面这里。那么，当就在上面这里的时候，关于那种感觉，还有什么？

客户：（向后靠了一下，并坐直身体）就像我坐直了，有一根电线把我的头向上拉。（用手势表示从头顶向上的方向）

③ 发展"电线"

教练：那么，坐直了，还有电线把你的头向上拉。那么，那是什么样的电线？

客户：就像一根扭曲的电线，非常结实。

教练：那么，扭曲的电线，非常结实，把你的头向上拉。

客户：是的，还能看见一点帽子，电线可以拧进帽子里面。（一只手作出一个杯子的形状放在头顶上）还有一个螺丝钉，钻进天花板的某个地方。（抬起手，表示电线拧进了天花板）

教练：那么，扭曲的电线，还能看见一点点帽子，还有一个螺丝钉钻进天花板的某个地方。那么，当有扭曲的电线时，关于那根扭曲的电线，还有什么？

客户：电线是银色的。

在发展**电线**的过程中，好几个象征性符号出现了：**帽子**、**拧进**和**天花板**。我计划依次发展每个符号。

④发展"帽子"

教练：那么，银色的，还有电线和帽子。那么，当是帽子时，那是什么样的帽子？

客户：它有点像一盏灯，你知道，当你在房间里有一盏灯时，电线会向上伸进灯里面。就像那样，不过在我的头上，位置是颠倒的。

教练：那么，就像电线会伸进灯里面……就像那样，不过在你的头上，位置是颠倒的。那么，关于那个帽子，还有什么？

客户：那帽子也是银色的，是不锈钢的。它有一点形状，所以它很适合我的头顶。

④发展"拧进"

教练：那么，帽子是不锈钢的、有形状的。还有，扭曲的电线拧进帽子里面。那么，关于拧进，还有什么？

客户：没有了。我想那是一个很简单的螺丝钉，但底部很光滑。我感觉不到那个螺丝钉的存在。

⑤发展"天花板"

教练：那么，一个简单的螺丝钉……底部很光滑。还有，一个螺丝钉会钻进天花板的某个地方。那么，那是什么样的天花板？

客户：实际上是有点蓝色的，像天空一样蓝。

教练：那么，像天空一样蓝。

客户：是的，很坚固。

教练：那么，很坚固……像天空一样蓝。那么，关于那个天花板，还有什么？

客户：它只是漂浮在那里，但它很坚固。

⑥发展"螺丝钉"

教练：那么，它漂浮着，也很坚固。还有，一个螺丝钉钻进那个天花板里。那么，那个螺丝钉是什么样的螺丝钉？

客户：就像一个小银点带着一个钻进了那个天花板的螺丝钉。

路易丝最初提到的所有象征性符号现在都被发展出来了。景观的这一部分似乎相当完整，所以我重述了她说的内容，并提出了一个更宽泛的问题。

教练：那么，一个小银点，带着一个钻进那个天花板的螺丝钉，还有很坚固的蓝色的天空，还有一根扭曲的电线，还有一点点帽子和一个螺丝钉。那么，关于所有那些东西，还有什么?

客户：它让我觉得自己很挺拔。

啊，又发生了些什么。在这段时间里，路易丝一直坐得笔直，我没有想过要针对这一点提问。干净教练这项工作的一个可取之处就是，如果你没有针对某件事提问，如果这件事很重要的话，客户肯定会再次提及。

⑦ 把"挺拔"发展成一个象征性符号

教练：那么，**它让你觉得自己很挺拔**。关于那个**挺拔**，还有什么？

客户：**我身体的其他部分也协调了**，同时，**我的喉咙不紧张了**。

现在又出现了两个潜在的象征性符号，我会分头发展它们。我开始先探索在**喉咙**里发生了什么。

⑧ 把"我的喉咙不紧张"发展成一个象征性符号

教练：那么，**你身体的其他部分也协调了**，同时，**你的喉咙不紧张了**。那么，当**你的喉咙不紧张**的时候，关于**你的喉咙**，还有什么？

客户：只是**平静而柔软的**。感觉很柔软。

教练：那么，**平静而柔软的**。那么，当**你的喉咙平静而柔软**时，那**平静而柔软**像什么？

客户：**像果冻！**（大笑）**粉红色的果冻**。

⑨ 发展"粉红色的果冻"

教练：**粉红色的果冻**。那么，当**你的喉咙平静而柔软**，就**像粉红色的果冻**的时候，关于那个**粉红色的果冻**，还有什么？

客户：**很有弹性**，**还有点光泽**。

教练：那么，**有弹性**，**还有光泽**……**粉红色的**，**还是柔软的**。那么，当**它有弹性**、**有光泽**……**粉红色的**，**还是柔软**时，关于那个**果冻**，还有什么？

客户：**大概有那么大**。（将拇指和食指放在喉咙前，两指相距约 5 厘米）

教练：那么，**大概有那么大**。那么，关于那个**果冻**，还有什么？

客户：**我尝不出味道**。一点味道都没有。

果冻现在有几个属性和一个位置，所以现在是时候把注意力转移到**我身体的其他部分也协调**了，但首先我决定要找出**电线**和**果冻**之间是否有关系——这将是下一次迭代的主题（路易丝的会谈将在第 131 页继续）。

练 习

到目前为止，你能勾勒出路易丝的隐喻景观吗？当我在做教练时，我就是在创建每个象征性符号的立体（3D）心理图景，这有助于我决定自己是否已经发展了足够的细节。对照我的草图（第 131 页）检查你的草图。但请记住，我的素描并不是"正确的"；这只是我为路易丝的模型建构的模型。

那么，困境、解药、结果和资源……
那么，航线……识别和发展渴望的结果……
那么，在此之前，发生了什么？

甚至在你问客户他们希望发生什么，并着手识别和发展他们渴望的结果之前，你可以从会谈一开始就发出这样的信号：

- 这是他们的会谈，由他们来做主；
- 空间很重要。

在任何教练会谈活动开始之前，你都要做这样几件事，比如：帮客户拿外套，递给他们一杯饮料，与他们建立融洽的关系，以及到了某个时间点你们双方会决定要坐下来。即使在会谈的早期阶段，一个干净的教练流程也开始区别于其他类型教练的流程，因为座位安排将由客户来决定。

如果你要记笔记，也要在会谈开始阶段确保你的笔记本和任何其他个人物品不会碍事，因为你要让客户觉得他们可以选择房间里的任何地方。

你就用手势指向室内的可用空间，询问客户：

你希望在哪里？

大多数客户会立即选择某个地方，但如果有些人望着你寻求指导，你不要接受这个诱惑去告诉客户要坐在哪里，而是再次用手势指向房间，并且再次询问：**你希望在哪里？**

当客户安顿好自己，你就问客户：

你希望我在哪里？

然后，你就坐在客户给你指定的地方。如果他们让你移动一把椅子，那你一落座就值得问一句：**是这样吗？**

虽然我说的是坐下，但问句里并没有提到座位或坐下。我还没有遇到过在会谈期间想站着甚至躺下的客户，但既然的确可能发生这种情况，那这个开放的问句就包含了这些可能性，同时也包含客户会移动家具来满足自己需要的可能性。

教练：那么，你希望在哪里？
（向整个房间打手势）

客户：**在这个角落。**（在角落里选了一把椅子坐下）**背对着墙。**

教练：那么，你希望我在哪里？

客户：**就在那边。**（向几英尺外的空间打手势）

教练：（将椅子移到客户指定的位置）是这样吗?

客户：**再近一点。**

教练：（把椅子移近并坐下）

客户：**很好，是这里。**

教练：那么，你希望发生什么？

当然，如果你用电话进行教练会谈，就不可能进行这种空间安排了。而且，如果你听力不好，或者因为有背痛或其他身体上的问题，某些座位或安排不适合你，请务必让客户知道这些。这么做不是要让你自己感到不舒服，而是要让客户感到舒服，并给客户尽量多的选择。

这个"干净的开场"让客户的心理在这个空间里逐渐积极活跃起来。通过选择自己坐在哪里、让你坐在哪里，客户开始参与空间的互动，这是他们将在整个会谈过程中参与互动的标志。此外，他们选择的位置可能在稍后的会谈中显示出一定的意义。一位客户坐在窗边，说道："**我喜欢靠近亮光。**"她在工作中遇到了困难，在会谈期间，她让自己坐在靠近亮光的地方。这帮助她意识到自己的工作空间没有太多的自然光。她决定把自己的办公桌搬到一个更明亮的地方，让她的工作区域被照亮，这让她感觉更快乐、更积极主动。空间不仅在会谈中很重要，在"现实生活"中也很重要。

练 习

与朋友或同事一起练习。使用干净的方法开始会谈，然后问对方"**你希望发生什么？**"，并发展对方渴望的结果。然后浏览 www.cleanapproachesforcoaches.com，找到帮助你练习 P.R.O. 模型的活动。

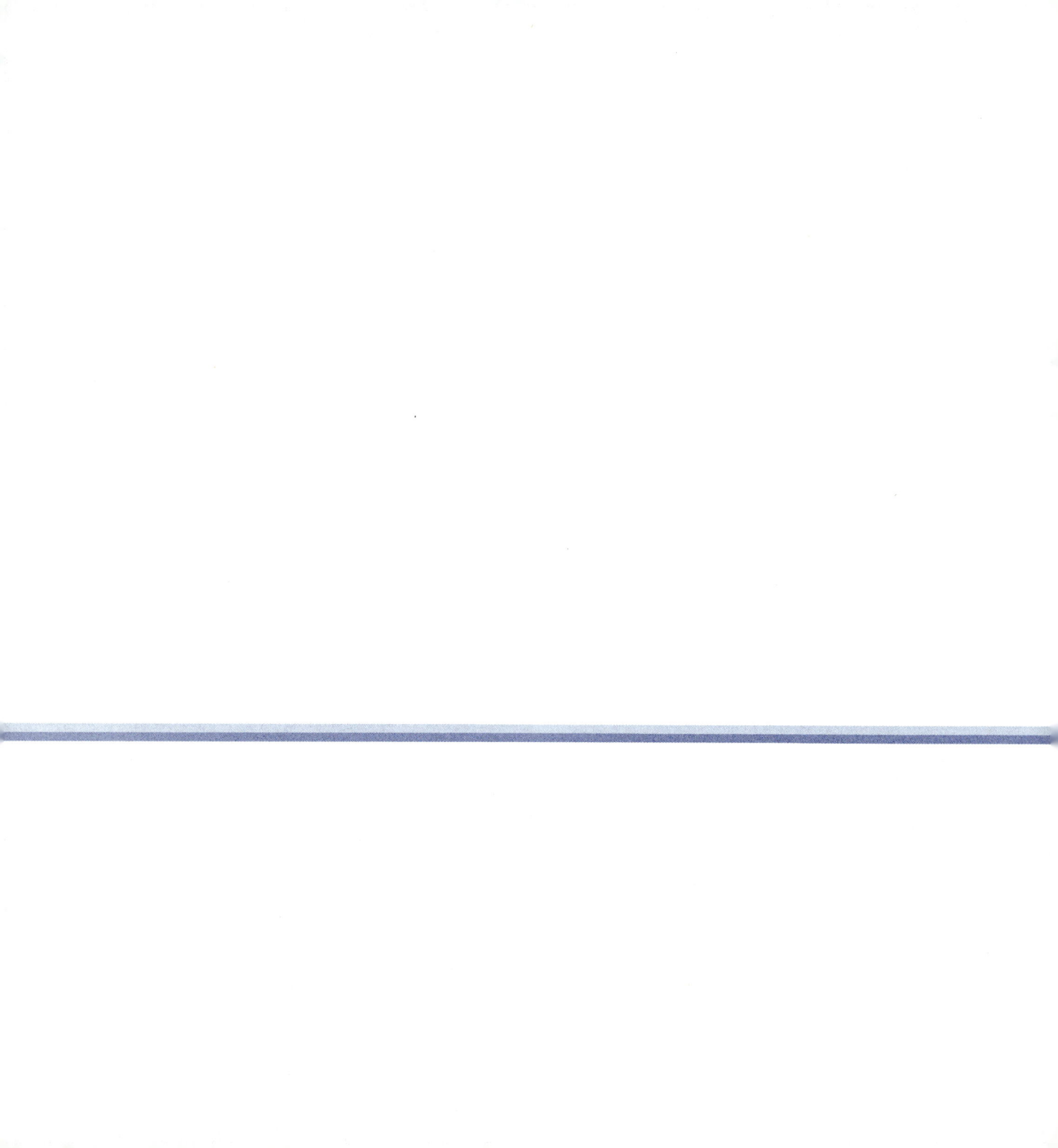

第四次迭代
相关性

不同象征性符号之间的关系是至关重要的。

——大卫·格罗夫

发现关系

到目前为止，我们的注意力集中在下面两条航线上：

- 使用 P.R.O. 模型，**识别客户渴望的结果**；
- 发展象征性符号，直到每个象征性符号都有一个名称、一个位置和几个特征为止。

这些象征性符号以不同的方式出现。在与马丁的会谈中，**舞者**由**放松**发展而来，而**双手**则是由**交谈**和**信任**发展而来的。在与路易丝的会谈中，一旦从**感觉**中发展出**扭曲的电线**，一大堆象征性符号一下子都出现了，随后每个象征性符号都得到了发展。

无论象征性符号出现的时间和顺序如何，在每次会谈中都会有这样的情况：当客户的景观中出现了两个以上的象征性符号时，你和客户就会开始考虑这些符号之间的关系。

象征性符号之间的关系和象征性符号本身一样重要。当然，没有象征性符号，就谈不上什么关系，也谈不上什么景观。正是象征性符号之间的关系透露出一个人的思维和情感框架。这会促使隐喻景观的形成，而隐喻景观又为转变提供了背景环境。

心理学家德德雷·根特纳（Dedre Gentner）所做的大量实验表明，在运用隐喻进行推理时，将注意力集中在关系上，是隐喻发挥作用的关键。例如，在解读**植物**的茎是吸管这一隐喻时，人们可能更多的是考虑到两者都是关系系统（比如它们的作用都是为滋养生命而输送液体），而不是它们各自的特征，比如它们都是细长形的 [根特纳和克莱蒙特（Gentner and Clement），1988]。

这些发现在很多隐喻景观中得到了证实，在这些景观中，客户使用多个隐喻来描述同一个状况。虽然有时这两个象征性符号很相似，比如都是绿色的，或者都是正方形的，抑或都是粗糙的，但往往是两者之间的关系带来了这样的相似性。在一次会谈即将开始时，一位伤心的客户说她想把自己的伤心放进一个**特别硬的盒子里面**，这样她就**看不见它**了。后来，一个**盲点**出现了，**让她无法看到未来**。这里重要的是关系：**不去看**，而不是**盒子**或**盲点**这些象征性符号。

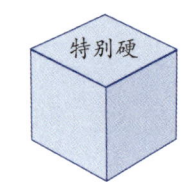

在象征性符号之间建立关系的另一个重要原因是，两个象征性符号之间的关系比单个象征性符号的"层次"更高，也就是说，如果你处理象征性符号之间的关系，就会涉及象征性符号，哪怕这些象征性符号的现在并未被提及。应用这个原则，探索更高"层次"的关系而不是仅仅探索象征性符号，能够让你更好地处理复杂的情况。

一个客户说，她有时**温暖又快乐**，像**太阳**，而有时却更像一个**食人魔**。

当发展出**太阳**和**食人魔**这两个象征性符号时，客户意识到自己在这两个象征性符号之间**切换**。**切换**这个词于是就触发了一个**跷跷板**的形象。

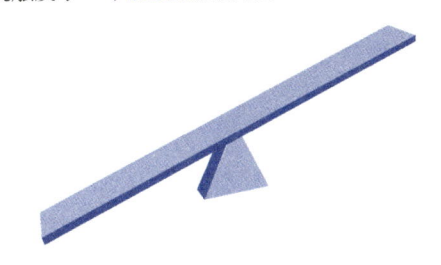

也就是说，当我们开始发展**跷跷板**这个象征性符号时，**太阳**和**食人魔**这两个象征性符号就自然地同时参与其中，即使客户没有明确提到它们。

> 展示系统各部分之间的关系及其互动规律，就会呈现系统的内在动力，从而显示系统各部分的运作方式。
>
> ——马图拉纳和瓦雷拉

象征性符号之间的关系往往与象征性符号同时出现。例如，在与路易斯的会谈中，**电线**与**帽子**的关系是**电线被拧进帽子里面**。发展**拧进**的时候，一个**螺丝钉**迅速出现了，成了另一个象征性符号。

象征性符号是有形式的，不管是"红色的""破旧的""闪亮的""方形的"，还是"吱吱作响的"，而关系则是相对无形的。有些词语或词组可以表示关系，比如"在上面""被……吓坏了""之前""保持""向……努力"等。如果不引导客户去关注，客户就很容易忽略这些在后台的关系。

要让关系在前台呈现出来，还需要在后台找到其他的东西。比如空间或者时间，它们都是我们习以为常的后台信息。所以，在我们开始讨论"如何"在时间和空间上显化（发现）这些形式之间的**关系**之前，我们先把这两个后台概念带到前台来，更仔细地审视它们一番。

把空间带到前台

仔细思考以后，你可能会认为空间是衬托人、房屋、家具、动物、树木、植物等的幕布。无论里面有什么，空间给人的感觉都是空虚而不重要的。我们习惯性地认为空间是客观的而且是绝对的事实：在这个巨大而空旷的空间里面，有包括我们自己在内的无数孤立存在且彼此分离的实体。但有可能空间这个概念是一种隐喻，是人类思维的一种结构。

罗杰·琼斯（Roger Jones, 1982）认为，人们对空间的体验随环境和历史的变化而改变。例如，在中世纪，人们并不认为空间是虚空的，反而认为空间是有机的、相联的、滋养的，也是人性的、智慧的、有意义的。它是一种智慧之境，也是知识的宝库。与其说是空间，不如说是场所、家和环境。就像子宫之于胚胎，空间供养着、温暖着和滋养着，提供了安慰和命脉；空间没有明确的边界，没有内外之分。空间还蕴含了心理、情感和直觉这些看起来与空间不相干的内容。

科林·特恩布尔（Colin Turnbull, 1961）描述了一位名叫肯吉（Kenge）的俾格米人第一次走出雨林时的情形，从中可以明显看出他们对空间感知的差异性。当科林指着一群正在几英里外吃草的水牛时，肯吉问道："那些是什么昆虫啊？"

我一开始没听懂，后来才意识到，在森林里，由于视觉很有限，以至于在判断大小时，距离被忽略了。当我告诉肯吉那是水牛时，他哈哈大笑，让我别说这种傻话。

罗杰·琼斯认为，空间观没有优劣之分，它只是不同意识阶段的产物。空间观很容易被超越，并给人带来完全不同的体验。这种情况确实正在发生。量子科学家通过研究发现，空间其实并不是虚空的。

在量子世界中，空间发生了奇怪的事情，它不再孤独空虚。现在普遍认为，量子空间由场组成，场是无形的、非物质的结构。它是宇宙的基本要素……场让我们把宇宙想象成海洋，充满了相互渗透的影响和相互连接的无形结构。这幅宇宙的肖像画就更加丰富了，在场的世界里，任何两个场相遇的地方，行动的潜力随处可见。

——玛格丽特·惠特利（Margaret Wheatley），在1994年谈论弗兰克·维尔切克（Frank Wilczek）和贝蒂·迪瓦恩（Betty Devine）的研究

关于空间的理念是大卫·格罗夫学说的核心。当人们带着头脑中"大量混乱不堪的信息"找到他时，他会用干净的语言帮助他们把这些信息分解成不同的象征性符号。在客户的隐喻景观中，每个象征性符号都有特定

的位置，它们要么在客户的感知空间中，要么在客户的身体内部或者身体周围。

隐喻景观是想象出来的，尽管景观内可以有实物，例如墙上的图画或地毯上的花纹。我家的壁炉台上有一个俄罗斯套娃，它曾在许多景观中都出现过。正如史蒂芬·平克（2007）所言，想象中的空间与现实生活中的空间同样重要：

> 我们知道，大象都有庞大的灰色身躯，会占据很大空间，每时每刻都存在于某个地方。尽管我能想象出一头既没有庞大身躯也没有灰色皮肤的大象，但我无法想象出一头不占据空间或不在某个地方的大象（即使我让大象在我的脑海里四处浮动，但是它每时每刻也必然存在于某个地方）。

按照朱利安·杰恩斯（Julian Jaynes，1976）的说法，在头脑中为事物留出空间是意识的一部分：

> 我们在自己和他人的头脑中创造了心智空间……我们假设并且从不质疑这些"空间"的存在。它们是意识的一部分。此外，在物理世界中不具有空间性的事物，在意识中也被赋予了空间性，否则我们就意识不到它们的存在了。

显然，我们思考外部世界的方式与我们大脑的运作方式是息息相关的。大脑有各种各样的系统，包括"什么"和"哪里"，可以跟踪事物和位置。新大脑皮层中的"什么"系统负责识别字母、面孔和物体的形状，而海马体中的"哪里"系统则负责对事物所在的位置进行跟踪。

> 环境的空间记忆在海马体中具有突出的内在表征，这一点已经得到解剖学的证实。鸟类特别需要空间记忆，例如有些鸟会在很多地方储存食物，这些鸟的海马体要大于其他鸟类。伦敦出租车司机是另一个例证。功能性核磁共振显示，在熟悉伦敦街道两年之后，这些出租车司机比其他同龄人拥有更大的海马体。事实上，出租车司机工作的时间越长，他们的海马体增大得越明显。此外，脑成像研究显示，当要求出租车司机回忆如何到达指定目的地时，他们的海马体因为想象中的旅程而变得活跃起来。
>
> ——埃里克·坎德尔（Eric Kandel），2007

詹姆斯·劳利（2007）认为，想象做某事的神经过程和实际做事的神经过程是相同的，这解释了将词语具身化的好处：

> 大卫·格罗夫曾强调，需要帮助客户从没有具体位置的概念性描述，转为具有坐标的象征物描述。于是，在考虑一个抽象的困境或者渴望的结果时，大脑中负责解读空间、运动和互动的部位就能发挥其功能了。

描述空间的语言

环顾四周,随便找一件物品,描述它的位置,这时,你很可能需要用到介词,比如"在……上面""在……里面""在……后面"。

> 桌子上面的杯子
> 角落里的椅子
> 沙发后面的玩具

介词在句中表示两个事物之间的空间关系。即使使用动词,你往往也需要搭配一个介词:

> 在架子上面保持平衡的尺子
> 从天花板垂下一个灯泡
> 插在笔筒里面的钢笔

带有空间含义的名词,如边缘、邻近和区域,也常常与介词搭配使用,如我们会说"在边上""在附近""离开我的舒适区"。

总而言之,如果不使用介词,你很难描述事物的位置。以下是我们讨论过的一些象征性符号的位置:

> 它在我肋骨的底部。
> 在我的胸部
> 略高于舞者
> 我离开自己的舒适区
> 它就在我面前
> 它到了我的膝盖上

我们有大量的词语用于描述物体,这些词语几乎涵盖一切可能的情况。下面是部分介词:

在……上面	从	在旁边
在……对面	在	由/通过
在……后面	沿着	靠近……的
在……外面	超出	在……之上
与……相对	围绕	在……周围
在……里面	进入	在……下面
从……离开	向下的	在……内部
在……之下	向上的	在……的上面
到……之上	在里面	和……在一起

埃里克·坎德尔(2007)建议,在给物体定位时,可以使用以下两个主要的参照系:

- **自我参照的**:位置与说话的人有关,例如:
  - 在我脑海中的一幅画面;
  - 我在一个温暖的茧里面。
- **客体参照的**:位置与外界有关,例如:
  - 金色的碎片在彩虹的尽头;
  - 升上天空的气球。

然而,詹姆斯·劳利(2007)指出,即使一个人正以外界为参照给某个物体定位,他还是要从某处感知到这个物体。因此,在象征性建模中,是否有可能单独使用客体参照的定位方式就值得商榷了。

发现空间关系

发现空间关系，就是鼓励客户留意自己发展出来的象征性符号之间的位置关系，从而了解自己的象征性意识是怎样关联起来的。

这些关系可能是明确的空间关系（例如，**手比舞者略高**），或者是隐含的空间关系（例如，两个象征性符号之间的关系可能是"**他们正凝视着对方**"，在这句话中，关注点是**凝视**，这个动作发生在两个象征性符号之间的空间中）。

案例分析 9：舞者与手（续）

到目前为止，马丁的隐喻景观包含两个象征性符号：**舞者**和**手**，都在他的**胸部**。我们也确定了两者之间的关系是：**手略高于舞者**。下一步就要发展**舞者**和**手**之间的关系。

①发现空间关系：发展手和舞者之间的关系

教练：那么，自然的节奏。（停顿）当手打开和紧握，以自然的节奏，而且手略高于舞者时，关于略高于舞者，还有什么？

客户：舞蹈在手的下面，手在舞蹈的上面。

教练：那么，舞蹈在手的下面，手在舞蹈的上面，那么，还有什么？

客户：手随舞动，舞蹈呈现出手的节奏。

通过将客户的注意力集中在两个象征性符号之间的关系上，这些象征性符号就分别成为一个隐喻的一部分。（与马丁的会谈记录将在第 141 页继续。）

案例分析 10：扭曲的电线（续）

目前，在路易丝的隐喻景观里包含了许多象征性符号，并且这些象征性符号之间的部分关系已经得到了发展。

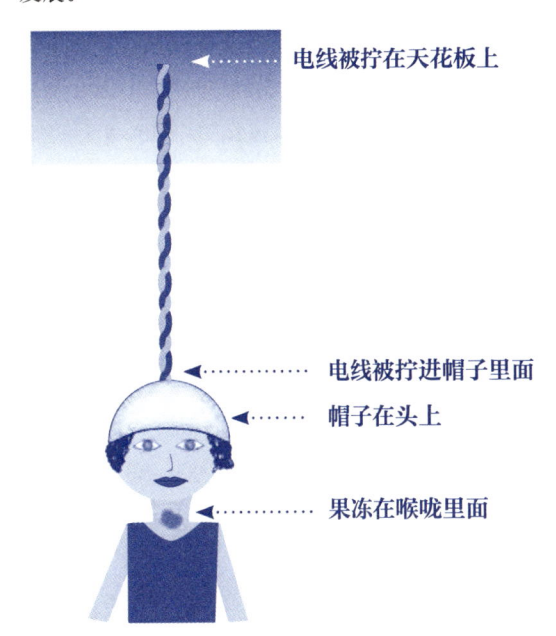

- 电线被拧在天花板上
- 电线被拧进帽子里面
- 帽子在头上
- 果冻在喉咙里面

会谈时，教练在头脑中同步绘出一幅景观的草图是一个很好的方法，这样能让教练看到那些没有被问到的象征性符号和关系。例如，我没有针对**头**提出任何发展性问句，也没有看到**电线**和**果冻**之间是否有关联。

教练无须针对每一个细节提问。在一些景观里面，逐一细问很容易就耗去一整天的时间，这可能会让客户恼火。教练提出的问题一定要有相关性，要符合客户的逻辑，或带来新的发现，而不是绕着老地方打转。在这个案例里，我就不会再问起**帽子**和**天花板**的关系，因为很明显，那段**电线**把这两个东西连在一起了。

②确定果冻和电线之间的关系

> 教练：那么，**一点味道都没有，它是有弹性的、粉红色的、柔软的、外表有光泽的。还有，扭曲的电线、帽子，还有，天花板，那么，果冻和那根电线之间有关系吗？**
>
> 客户：**就像有一根线把电线和果冻连接在一起。**

这种关系是**连接在一起的**，连接象征性符号的是一**根线**。所以，我会发展"线"这个象征性符号。

③发展"线"

> 教练：那么，**一根线把电线和果冻连接在一起。那么，是什么样的线呢？**
>
> 客户：**像棉线。**
>
> 教练：那么，**棉线把电线和果冻连接在一起。关于连接在一起，还有什么？**
>
> 客户：**没有了。**

这一系列的问句（航线）并没有引出太多的信息，所以，我决定回到"**协调**"，发展这个象征性符号。

④发展"协调"

> 教练：那么，**棉线、果冻，还有电线、挺拔，还有，你身体的其他部分也协调了。那么，关于协调，还有什么？**
>
> 客户：**这让我感觉笔直。**

虽然我可以继续发展**协调**、**笔直**或**挺拔**，但不会发现太多新信息，路易丝已经发展出一种看上去相当强大的机制，让自己保持笔直，而且喉咙保持平静。因此，是进入下一阶段的时候了，要找出这些会带来什么影响，见第 142 页。

> **练 习**
>
> 在继续和伙伴练习的时候，把注意力集中在表示关系的词语和词组上。（可以先在报刊文章中寻找表示关系的词语，提高自己发现这些词语的能力。）
>
> 一旦发展出两三个象征性符号，你就可以开始发展表示关系的词语。如果客户没有提到关系，问他下一页所展示的问题，去发现象征性符号之间的关系。

发现空间关系的干净问句

你会发现，客户经常会提到象征性符号之间的关系，这时候引导注意力并发展这些关系就很容易。如果关系没有在隐喻景观中或者其他特定情况下自然浮现出来，你就可以用一些问句来帮助自己确认它们之间的关系。

那么，当（象征性符号1）时，（象征性符号2）会发生什么？

这是一个很有用的问句，特别是当景观中出现一个很可能蕴含资源的新象征性符号时，或者当景观中的某些东西产生转变时。在第162-167页，你可以找到关于这个问句的更多内容和几个应用案例。

你也可以应用这个问句背后的通用原则，将注意力（用"那么，当……时"）引向一个象征性符号，然后询问另一个象征性符号，以此生成新的"关系"问句，例如：

那么，当（象征性符号1）时，（象征性符号2）在哪里？

那么，当（象征性符号1）时，关于（象征性符号2），还有什么？

为象征性符号建模的过程是不断迭代的。这意味着，在你于象征性符号之间发现空间关系的过程中，如果又有困境或解药出现在景观里，你要继续使用 P.R.O. 模型。而且，如果有新的象征性符号出现，你也要不断发展这些象征性符号。

那么，（象征性符号1）和（象征性符号2）之间有关系吗？

谨慎使用这个问句，只有当这两个象征性符号有明确的形式和位置时，你才可以使用。请注意，这里问的是它们**是否**有关系，而不是什么关系——这样提问有很强的暗示性。所以，你要有点心理准备，客户很可能说"没有关系"。

那么，（象征性符号1）和（象征性符号2）是相同的还是不同的？

偶尔，两个看起来相似的象征性符号会出现在客户的景观中。它们或者看起来很相似，或者功能相似。这个问句可以验证你的直觉是否准确。如果准确，可以使事情简单化；如果不准确，可以再进一步发展。例如，我可以问马丁：

教练：**自然节奏与自然风格**是相同的还是不同的？

给"时间"一点时间

虽然我们可以观察"空间",也可以在"外部世界"和我们的头脑内部把空间分割开,但我们不能以这样的方式对待"时间"。我们不能拿显微镜观察时间,也不能用时间做实验。时间这个概念过于抽象,以至于没有一个科学家能够把时间完全解释清楚。

科学家和哲学家提出过两个主要的理论:

- 在我们生活的宇宙里,事情的发生是有先后顺序的。因此,时间是宇宙的一种基本结构。
- 时间本身并不存在,它是我们为了表达事物而采用的一种方式。

不知道大家是怎么看的,但我非常希望这两种观点都是对的,或者都是有可能的。事件好像的确是按顺序发生的,同时,时间可能只是人类思维的一种框架。

以下是我对时间所做的其他一些假设(我并不假定客户与我持有相同的假设):

- 时间是一条单行道,从过去通向未来,我们无法让时光倒流;
- 时间是测量变化和运动的一种方式;
- 我们无法改变过去,但可以从中吸取教训,以便在未来采取不同的方式做事;
- 先有原因,再有结果;
- 即使时光倒流,事件原本发生的顺序也不会改变。

谈论时间的时候,我们非常依赖空间性隐喻:

> 我需要留出一些时间休息一下。

> 它发生在中世纪。

> 在模糊而遥远的过去。

> 那是漫长的一天。

我们也用空间来测量时间,如日晷、蜡烛、时钟、日记和时间线,这些都在用"时间即空间"的隐喻,即便词典里"时间"的定义说时间是"非空间性的",但同时却使用了几个空间词来界定时间:

时间:一种非空间性的连续体,连续体之中的事件以从过去到现在再到未来这样完全不可逆转的顺序发生。

> 时间是让各种事情不会同时发生的力量。
> ——雷·卡明斯
> (Ray Cummings)

> 除非把时间转化为空间,不然你根本无法思考时间。
> ——朱利安·杰恩斯

每个人将时间概念空间化的方式各不相同。有些人认为过去在后面、未来在前面，而另一些人认为过去在左边、未来在右边。

这两种位置分布都假定时间是一条线，从昨天通往明天。

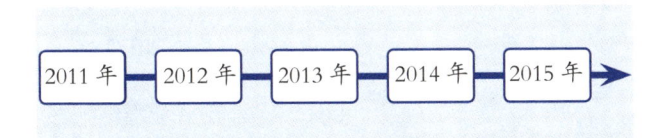

| 2011年 | 2012年 | 2013年 | 2014年 | 2015年 |

但有些人的"时间线"是圆形或螺旋形的。在古代，人们认为时间是循环往复的。

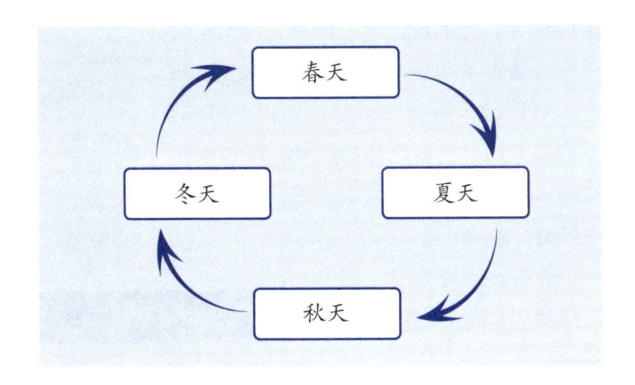

春天 → 夏天 → 秋天 → 冬天 → 春天

这是一条不断重复的路，没有起点、过程和终点。

——欧文·巴夫特尔德（Owen Barfield），1988

乔治·莱考夫和马克·约翰逊（1980）研究了隐喻中的时间和空间的关系，发现有相当多"时间即空间"的隐喻：

时间定位：感知者位于现在，过去在其身后，未来在其面前：
- 我有一个美好的未来在面前。
- 我在向前看。
- 那都是在我身后（过去）发生的事情。

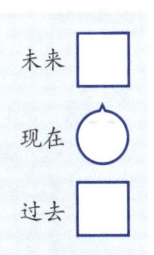

未来　现在　过去

在隐喻景观中，**移动**会以如下两种方式之一进行：

1. 时间移动

时间流逝，而感知者静止不动：
- 最后期限快到了；
- 变革的时代已经到来；
- 夏天过得飞快。

2. 感知者移动

时间是静止的，而感知者在移动：
- 我们快到圣诞节了；
- 我们已经完成了一半的课程；
- 我们已经过了最后期限。

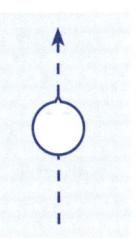

第四次迭代　相关性　135

描述时间的语言

我们用来谈论时间的词有：动词、副词、名词和介词。

动词通常是表示"正在做"的词，意思是正在"做"的时候，时间在流逝。我们当下的体验往往包括刚刚过去的一两秒和马上到来的一两秒（史蒂芬·平克，2007）。在这么短的时间内**逃离**某个地方是很难想象的。

也许在某个时刻，我们会说："哈哈，我逃掉啦！"但**逃**这个字表达了随着时间而发生的一个**过程**。同样，我们也不能在短短几秒钟内回顾、创造、说服、建造、叙述、实现、哀悼、崇拜、浏览、运行、教导或入侵。

当然，有些动作可以在很短的时间里发生，比如领悟、说出、喘气、放松和呼吸。但即使是这些词，也暗示某种运动或变化以及时间的流逝。我只能想到很少几个表示"存在"的动词，比如**是**、**像**、**感觉**、**拥有**和**有**，这些词既不暗示运动，也不暗示另一个时间。如果没有其他时间做比较，这些动词往往会失去意义。

副词是为动词提供进一步信息的词语。副词有三种，分别指某事**何时**发生、**多久**发生一次或持续了**多长**时间。

动词
逃跑
回顾
创造
抓住
崇拜
浏览
运行
教导
入侵
实现
建造
叙述
放松
领悟
呼吸
说出

副词		
何时	多久一次	多长时间
在夜里	经常	整天
在中午	通常	长达15分钟
晚饭后	总是	从现在开始
在周末	不常	直到睡觉时
在我生日那天	很少	自2004年以来
	从不	

许多名词表达了时间的流逝，有些表达得明显，比如日、周、两周、世纪；另一些表达得不明显，比如结果、抱负、历史、里程碑、延迟、后果、原因、影响、发展和开始。没有之前的行动，就谈不上结果。抱负肯定是指向未来的，起步必然是后面行动的开始。

最后，还有几个空间介词是我们谈论时间时经常用到的。

显然，无论我们使用多么奇怪或绝妙的方式来描述自己的经历，都会用到表达空间和时间的词语。

名词
月份
结果
抱负
历史
原因
开始

空间介词
展望未来
落后于时代
把你的想法抛到脑后
你的时间到了
领先于自己

发现时间关系

到目前为止，你试图引导客户关注单一的视角、单个时间节点。你的目标是保持时间不变，且发展出一个单一场景。然而，每次会谈中都会出现如下情况：

- 客户开始转向另一个时间节点（也许是某件事让他们想起了**过去**的一段时光，或者他们开始思考在达成自己渴望的结果**之前**需要发生什么，或者可能就是景观有了一点**变化**）；
- 为了达到一个阶段性目标，需要向前或向后移动时间（例如，鼓励客户关注其渴望的结果可能带来的**影响**，或者对**反复出现**的模式进行更加细致的建模）。

无论哪种方式，重要的是，你要注意客户表达时间的语言，并随时对客户处于哪个时间框架之中保持觉察。

请谨记，所谓的过去、现在或未来都是不断变化的。未来的事件会变成现在的事件，然后又变成过去的事件。因此，与其从过去—现在—未来的角度来思考，不如从之前—此刻—之后的角度来思考。

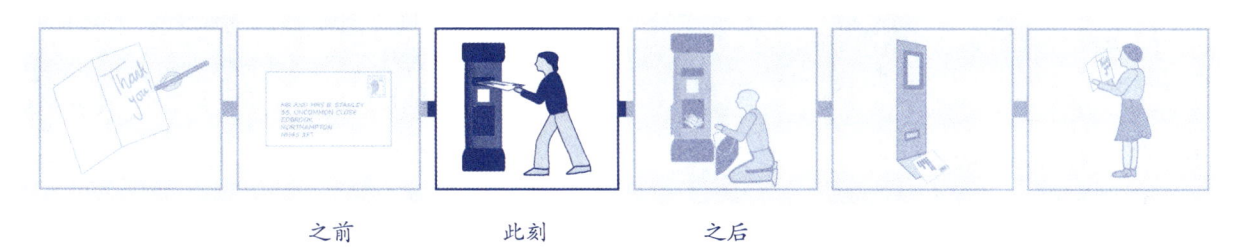

之前　　　此刻　　　之后

当你引导某人关注一个新的时间框架时，那个时间框架就变成了新的"此刻"：

之前　　　此刻　　　之后

每次会谈开始时，用问句"你希望发生什么？"来邀请客户思考未来的某一个时间。正如前面讨论过的，渴望的结果必然是发生于未来的，并以这样一些词来表达：想要、希望、渴望、愿望、需要。

你的首要任务是引导客户进入"想要框架"，就像格罗夫和帕泽（1989）说的那样，仿佛想要发生的事情正在发生。你需要意识到你们在谈论一件发生在未来的事情，而你鼓励客户现在就要体验这件事。

干净的问句都是用现在时态表达的，是为了邀请客户关注现在（在他们的感知/想象中）正在发生的事情。

到目前为止，我们讨论的几乎所有问句中的动词都不是行为动词，而是表示"存在"的动词。

> 关于……还有什么？
> 那个……是什么样的……？
> ……在哪里（或……在什么位置）？
> ……有多少个？
> 那个……像什么？
> （A）……和（B）……之间有关系吗？

这些问句让时间"保持静止"，以便你从某一个视角去探索。

另外，除了第四个问句之外，下面所有问句都包括"发生"这个行为动词：

> 然后会发生什么？（然后发生了什么？）
> 接下来会发生什么？
> 就在……之前发生了什么？
> ……可能从哪里来？
> ……需要发生什么？

这些问句促使客户把注意力转向另一个时间框架，也帮助客户将象征性符号与隐喻和时间联系起来，在时间上向前推进、向后追溯，或与同时发生的其他事情联系起来。

出于几种原因，你希望将客户的注意力引向另一个时间框架。在下一页的表格中，对勾（√）表示了主要的原因，在接下来的几页我会具体介绍。（如果没有对勾，也并不是说这些问句在这种情况下不能用，只是使用的频率比较低而已。）

发现时间关系的航线

航线	问句	目的	资源	结果	转变	困境		页码
影响/后果	・然后会发生什么？ ・接下来会发生什么？	识别……的影响/后果。	√	√	√			140–143
重复发生的事件	・然后会发生什么？ ・接下来会发生什么？ ・就在……之前发生了什么？	识别重复发生事件的顺序模式。	√		√			144–145
源头/原因	・……从哪里来？ ・……可能从哪里来？	找出……的源头/原因。	√		√			146–147
所需条件	・想要……，需要先发生什么？ ・就在……之前发生了什么？	识别在实现渴望的结果之前需要发生什么。		√				156–161

第四次迭代　相关性　139

影 响

当你对渴望的结果、资源或客户的隐喻景观中的任何转变进行建模时，你还要顾及这些建模对象可能对整个系统产生的影响，这一点很重要。你可以在每次教练会谈中使用此航线，让客户检查其渴望的结果以及这些结果会带来的后果。

你还可以使用此航线来检查：

- 知道了某一特定资源（或来源）会有什么不同；
- 某个转变对景观中的所有其他事物会产生什么影响。

然后会发生什么？
接下来会发生什么？

对大多数人来说，影响产生于原因之后，朝着同一个方向，隐含一条线性的时间线。有了渴望的结果，它可以像下图这样。

| 你希望发生什么？识别客户渴望的结果。 | 发展性问句：发展客户渴望的结果。 | 然后会发生什么？*识别实现渴望的结果会带来什么影响。 | 发展性问句发展此影响。 | 接下来会发生什么？*识别实现渴望的结果会带来的下一个影响。 | 发展性问题发展此影响。 |

注：*你可以互换使用"然后会发生什么？"与"接下来会发生什么？"这两个问句。

继续应用这种模式：识别—发展—识别—发展，直到：	然后：
客户的回复开始"兜圈子"，例如种子—树—种子—树。	确定客户需要具备哪些条件才能实现其渴望的结果。（第156-161页）
客户表现出到了认知的极限，例如说**"我不知道"**。	
景观中出现了一个困境。	问"你希望发生什么？"。
客户在渴望的结果的方向上发生了重大**转变**。	酝酿转变。（第162-167页）

你发展每一个看法的深入程度取决于许多因素，包括客户渴望的结果的复杂性、他们如何回答问题以及你有多长时间。一般来说，对未来探索得越深入，客户的所知可能就越少。

案例分析 9：舞者与手（续）

①识别渴望的结果的第一个影响

教练：那么，当舞蹈呈现出手的节奏时，然后会发生什么？

客户：他们俩都在跳舞。

②发展第一个影响

教练：那么，关于他们俩都在跳舞，还有什么？

客户：手是呵护的，舞蹈带动着那只手。

教练：那么，手是呵护的，舞蹈带动着那只手。那么，当呵护的时候，关于呵护，还有什么？

客户：它们既有阳刚之气，又有阴柔之美。手是阳刚的，舞蹈是阴柔的。

教练：那么，手是阳刚的，舞蹈是阴柔的。那么，舞蹈带动着那只手，关于带动，还有什么？

客户：它是快乐的。不，这个词太小了。那是一系列的情感。

教练：那么，一系列的情感。那么，关于一系列的情感，还有什么？

客户：很和谐。

③识别第二个影响

教练：那么，当手是呵护的……，舞蹈带动着手，那么，阳刚的和阴柔的，还有全方位的情感，接下来会发生什么？

客户：一切都很协调，没有冲突。

④发展第二个影响

教练：那么，关于一切都很协调、没有冲突，还有什么？

客户：更容易了。

教练：那么，什么样的更容易了？

客户：手的防御性更小了，舞者可以跳得更容易了。

⑤识别第三个影响

教练：那么，当手的防御性更小了、舞者可以跳得更容易了时，然后会发生什么？

客户：手为舞者骄傲，舞者也会被看见。

⑥识别第四个影响

教练：然后会发生什么？

客户：舞者更放松，手也更放松。

⑦识别第五个影响

教练：**然后会发生什么？**

客户：**任何事情都可能发生，我也可以对接下来发生的事情作出回应。**

此时，我结束了本次会谈。马丁现在对自己渴望的结果及其影响做了一个完整的描述，而引出这些结果的过程已经在渴望的目标方向上发生了改变。他欣然加入了接下来的在线研讨会。

案例分析 10：扭曲的电线（续）

到目前为止，路易丝已经发展出了一个结果的景观，景观里有一根**扭曲的电线**，电线的一端拧在她**头**上的一顶**帽子**里，另一端连着**天花板**。这使她保持直立状态。她的**喉咙**里还有**柔软的粉红色果冻**，用**棉线**连接在**电线**上。

①发现"电线和果冻"的影响

教练：那么，**感觉笔直**。当笔直且挺拔（停顿），喉咙里有柔软的、粉红色的、有光泽的、有弹性的果冻，还有一根扭曲的电线、一个坚固的蓝色天花板，还有帽子的时候，**然后会发生什么？**

客户：**那我的头脑就清醒了。**

②将"头脑清醒"发展成象征性符号

教练：那么，你的**头脑清醒**。当你头脑清醒的时候，那是**什么样的清醒？**

客户：**我可以记住事情，记住我想说什么，而不是感觉很模糊，不记得我想说什么。**

教练：那么，你的头脑清醒，能记住事情。当你头脑清醒的时候，关于那个清醒，**还有什么？**

客户：**清醒意味着我可以说出我想说的事情，而且不会让人感觉受到威胁。这种对话更像是成人对成人的对话。**

头脑清醒还没有发展成一个象征性符号，但现在出现了一个似乎值得探索的新词：**成人对成人**。

③把"成人对成人"发展成象征性符号

教练：那么，当你头脑清醒……（停顿）柔软的果冻……（停顿）你可以说话，还有更像是成人对成人的时候，成人对成人**在哪个位置？**

客户：**嗯，在我的脑海里……我能感觉到它是平等的。**

教练：那么，它是平等的。（停顿）在你的脑海里。当在你的头脑里是平等的时，关于成人对成人，**还有什么？**

客户：**我可以想象我自己在这里**（指着头部左上方的区域），**而另一个成年人在那里**（指着右上方）。

教练：那么，当你可以想象你在这里而另一个成人在那里时，那些成人**是什么样的成人？**

客户：**重要的、坚定的。**

教练：那么，重要的、坚定的。那个重要的、坚定的**像什么？**

客户：**就像一袋袋沙子。**

④发展"一袋袋沙子"

教练：那么，就像一袋袋沙子。关于那些一袋袋的沙子，还有什么？

客户：它们是灰色的，四周围着帆布。

⑤发展成人之间的关系

教练：那么，灰色的沙袋，还有成人对成人……（停顿）当成人对成人时，关于对，还有什么？

客户：两人中间是有空间的，他们没有接触彼此，两人几乎是平行的。

教练：那么，平行，同时，两人中间有空间，那个空间是什么样的空间？

客户：干净的空间。

教练：那么，当一袋袋沙子……（停顿）中间有一块干净的空间时，关于那些，还有什么？

客户：没有了。感觉是平等的。

⑥发现"一袋袋的沙子"的影响

教练：那么，当挺拔还有果冻……（停顿）扭曲的电线还有一袋袋沙子……（停顿）干净的空间……平等，然后会发生什么？

客户：然后我就感觉自己可以安全地面对冲突、开展对话了。

教练：那么，你可以安全地面对冲突、开展对话。关于安全地，还有什么？

客户：意思是我可以留在那个房间里，而不是感觉自己非走不可。

看来路易丝渴望的结果景观现在已经完成了，所以我重述了整个景观，然后我们就开始探索那个结果会带来什么影响。

⑦识别渴望的结果带来的影响

教练：那么，你可以留在房间里，同时，安全地开展对话……（停顿）当笔直而且头脑清醒时，那么，扭曲的电线……（停顿）坚固的蓝色天花板……（停顿）帽子……（停顿）果冻……（停顿）一袋袋沙子……（停顿）成人对成人，平等而且安全地开展对话。那么，当你留在房间里开展这样的对话时，然后会发生什么？

客户：然后我的对话会更有效，结果也会更好。

教练：那么，对话会更有效，结果也会更好。那么，关于结果更好，还有什么？

客户：这取决于谈话的内容。我得到更多自己想要的结果，而不是忐忑不安或落荒而逃。

路易丝似乎并不想要什么具体结果，所以我决定找出需要发生什么才能让她获得自己渴望的结果（参见第160页）。

第四次迭代　相关性

重复发生的事件

如果你正在帮助客户对资源进行建模，这些资源虽然可能由单个象征性符号或隐喻表示，但通常是他们经常经历的过程。

案例分析 11：决心

虽然"决心"是一个名词，说明它是一个事物，但它实际上是一个过程的名称。当简在一次教练会谈中告诉我她有决心时，我问了她几个关于决心的问题，很快就发现了一个光线聚焦在一点上的隐喻。但是，没有人可以一直保持这样的聚焦。我们都需要休息和放松，也需要下定决心。于是我问简："在光线聚焦之前发生了什么？"我们发现她转动着额头上的一个开关。

接下来，我问："那么，当光聚焦在一点上的时候，然后会发生什么？"简回答："如果需要的话，我会紧握双拳。"通过问简这些问题，让她在时间上前后移动，最后，关于自己如何下定决心，她获得了一个模型。

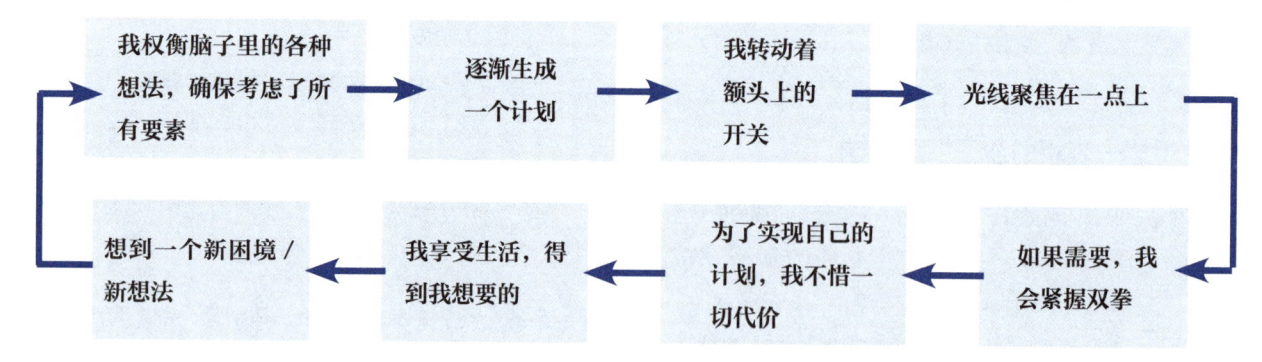

> 然后会发生什么？
> 接下来会发生什么？
> 在……之前发生了什么？

```
我权衡脑子里的各种    →    逐渐生成    →    我转动着    →    光线聚焦在一点上
想法，确保考虑了所          一个计划          额头上的
有要素                                        开关
  ↑                                                                    ↓
想到一个新困境/    ←    我享受生活，得    ←    为了实现自己的    ←    如果需要，我
新想法                    到我想要的              计划，我不惜一            会紧握双拳
                                                  切代价
```

像这样的循环没有真正的开始，也没有真正的结束。一个周期和另一个周期之间可能会有空隙，但模式会在某一点上重新开始。

当然，你可以深入发展序列中的每一步。你可能已经为权衡想出一个可能的象征性符号，我想你会好奇简的额头上究竟有什么样的开关。

在画面之间

你还可以通过找出每个感知之间发生的事情,来展开一个序列。你打开的每一帧画面都提供了更多的可能性。虽然你正在对资源进行建模,也无意更改它,但额外的信息可能会帮助客户调整模型,使之更加丰富,或者说,这些信息是帮助客户更容易找到资源的关键所在。

在帮助大家学习如何为序列建模时,我们经常使用便利贴。这样,当你收到新的信息时,你就可以调整便利贴的位置。

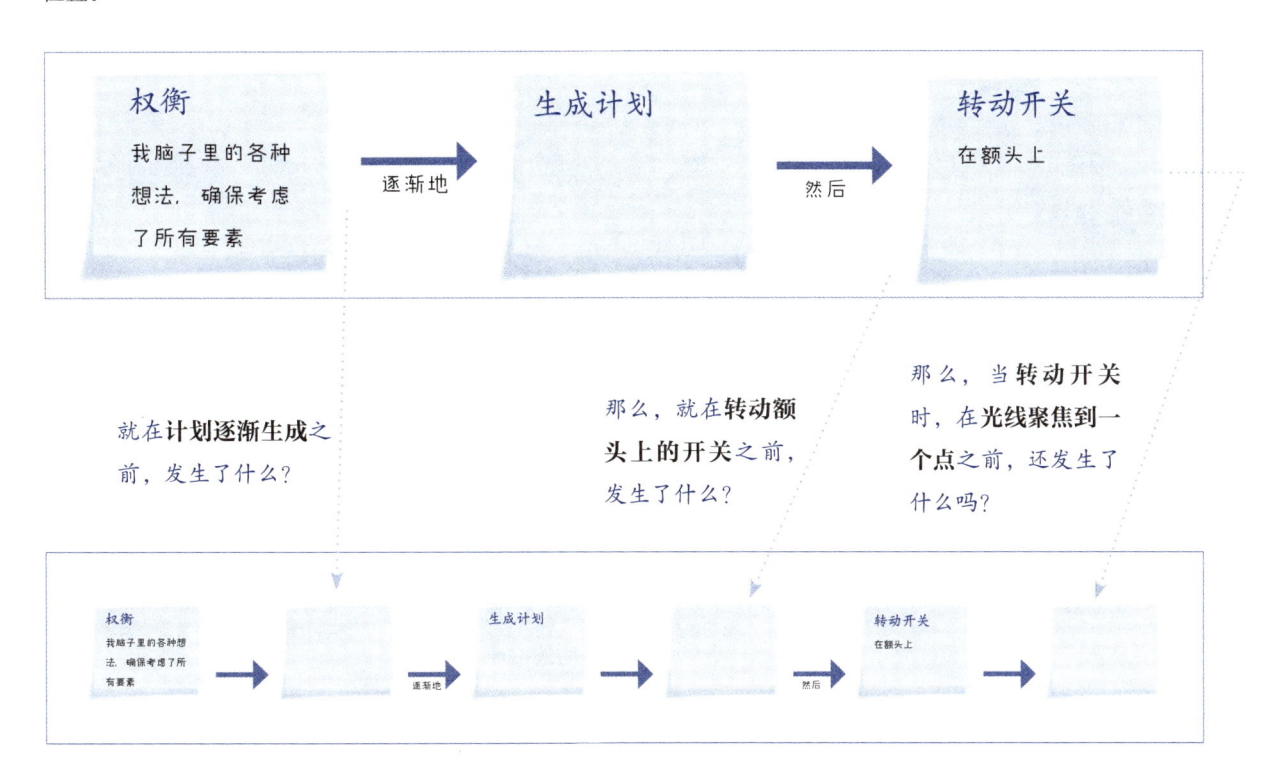

源 头

> 资源的源头通常比资源本身更有价值。
> ——劳利和汤普金斯，2000

"……（可能）从哪里来？"这个问句把客户的注意力引向了那个源头。如果客户对这个问题的回答听起来很有价值，你可以继续发展这个新的感知，然后再去问这个"源头"问句。这个问句重复用几次，往往会生成一个对客户更有帮助的隐喻。

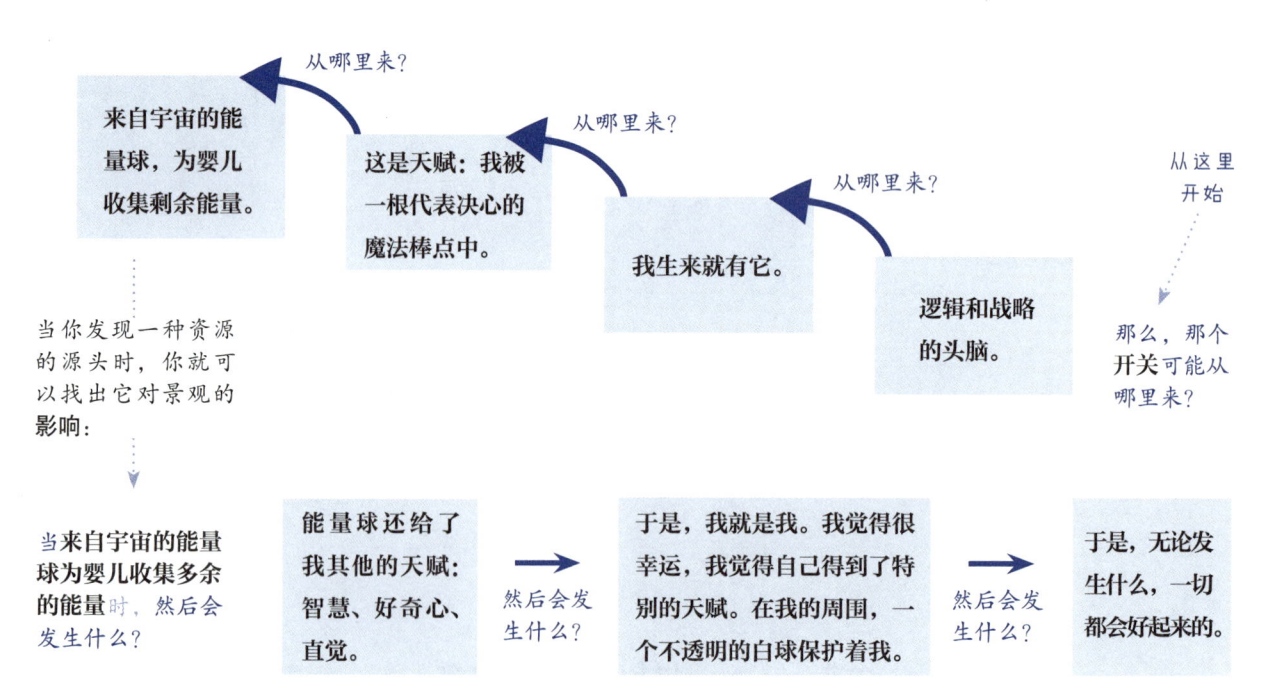

……可能来自哪里？

从哪里来？ ← 来自宇宙的能量球，为婴儿收集剩余能量。

从哪里来？ ← 这是天赋：我被一根代表决心的魔法棒点中。

从哪里来？ ← 我生来就有它。

从哪里来？ ← 逻辑和战略的头脑。

从这里开始 → 那么，那个开关可能从哪里来？

当你发现一种资源的源头时，你就可以找出它对景观的影响：

当来自宇宙的能量球为婴儿收集多余的能量时，然后会发生什么？

能量球还给了我其他的天赋：智慧、好奇心、直觉。

→ 然后会发生什么？

于是，我就是我。我觉得很幸运，我觉得自己得到了特别的天赋。在我的周围，一个不透明的白球保护着我。

→ 然后会发生什么？

于是，无论发生什么，一切都会好起来的。

注：这个流程来自大卫·格罗夫（1998）的代际疗愈法（Intergenerational Healing Process）。

请注意，问句"……从哪里来？"可以引出几种不同类型的信息，例如：

- 一个位置，例如**逻辑和战略头脑**；
- 一个时间，例如**我生来就有它**；
- 一个原因，例如**被一根代表决心的魔法棒点中**；
- 一个源头，例如**能量球**；
- 一个人，例如**我的母亲**。

有时，你需要稍微调整一下这个问句，使其有意义。例如：

教练：那么，那个开关可能从哪里来？
客户：**我的逻辑和战略头脑。**
教练：那么，逻辑和战略头脑可能从哪里来？
客户：**我生来就有它。**
教练：那么，在你生来就有它之前，这个逻辑和战略头脑从哪里来？
客户：**这是天赋。我被一根代表决心的魔法棒点中了。**

你怎么知道已经到了资源的源头？什么时候该停下来？就像我们在探索影响时一样，如果出现以下情况，你就可以收手了：

- 隐喻变成了兜圈子；
- 客户好像江郎才尽了；
- 一个困境出现在景观中。

如果一个困境出现了，你可以：

- 回溯到最近发展出来的那个资源隐喻，并在时间上向前推进那个隐喻。
- 提问："那么，你希望发生什么？"
- 接着问："……从哪里来？"但是，如果你这么做，重要的是，你要意识到自己现在询问的是一个困境的源头而不是资源，并且你这么做是有充分理由的。

你也可以用这个过程去找出一个困境的成因，不过，根据我的经验，基本不需要这么做。

> **练习**
>
> 现在，我们已经探索了四条主要的航线（识别、发展、发现空间关系、发现时间关系）；尝试练习把这四条航线都用上。

那么，发现关系……空间和时间……
影响……重复发生的事件……源头……
那么，当下发生了什么？

尽管你鼓励客户在时间上跳前跳后，但请谨记：所有干净的问句都用现在时态表达，整个象征性建模的过程都旨在鼓励客户关注自己的内在身心系统此时此地正在发生什么。

这个做法的基本原则是会谈中只有现在。即使客户在谈论昨天发生了什么、明天会发生什么，他们的思考过程也是在当下。况且，无论他们谈论什么，他们谈论的方式（语言模式、假设、手势、语调、语速等）如何，都是他们当下存在方式的一种表现形式。

你意识到"只有现在"，并不意味着你的客户也能意识到这一点。他们可能认为自己身处未来或过去，因此，有时你需要刻意将他们的注意力转移到此时此地。

例如，客户有时（自觉或不自觉地）会作出自己正在谈到的行为。这是一个很好的时机，你可以问他：

"现在正在发生什么？"

或

"刚刚发生了什么？"

这可以引起客户对自己行为的注意，并为转变提供可能性。这一过程常被称为"活化"[1]。

案例分析 12：妈妈的眼睛

史蒂夫告诉我，当他看着别人的时候，他能看到妈妈的眼睛正回望着他，对他评头品足。他总是想问问那些人，自己到底做错了什么。他说他遇到的每个人都是这样。我由此推测这种情况也发生在我身上，就在我们此刻会谈的这个房间里。于是，我决定冒险将自己带入客户的隐喻景观中，这在干净教练的会谈中是一个不常见的举动。

教练：那么，妈妈的眼睛正回望着你，对你评头品足。当这种情况发生在你遇到的每个人身上时，现在正在发生吗？

客户：是的，正在发生。

教练：那么，当你妈妈的眼睛正像那样回望着你的时候，你现在想问什么？

客户：我做错了什么？

---

[1] "活化"是让客户在现场体验的意思。——译者注

教练：那么，**妈妈**说什么？

就这样，他得以进行了一次"活化"的对话，在对话中，他原谅了母亲。注意，我当时即兴提了几个问题。

案例分析 13：一个充满诱惑力的念头

菲利普希望保持注意力集中，避免分心。他每天都带着一张任务清单开始一天的工作。当他开始走神时，一个有趣而充满诱惑力的念头（向右看）**引诱**他"**来这儿吧**"。他会顺着那个念头走，然后是另一个，再一个，直到有什么东西让他的思绪重新回到手头的任务中。他表示想继续完成任务，感觉这样工作效率更高，而且问心无愧。

教练：那么，就在**来这儿吧**和**充满诱惑力的念头**之前，发生了什么？

客户：（长时间停顿）**我已经开始走神了。**（又一个长时间的停顿。菲利普盯着右边的什么东西。然后，他的注意力又回到房间里）**就是这样。**

教练：那么，**你开始走神……**（停顿）刚刚发生了什么？

客户：**我看到一艘船从港口出来，我很惊讶地看到一艘邮轮从朴茨茅斯港出来。然后，我注意到我在走神，我记下了这个念头，把干扰关掉，然后把视线移开。**

我住的房子正好可以俯瞰朴茨茅斯港，所以我知道这并不是一个隐喻，而是菲利普把自己正在说的行为（走神）作出来了，我因此可以自然地利用他的行为，把他的注意力重新集中到手头的任务上。他的最终策略包括记录杂念和捕捉想法，以及每天分配一个具体时间段对充满诱惑力的念头进行跟踪。

在这两个案例中，"活化"都促使客户的想法发生了转变，随着会谈的进行，这个转变逐渐显示出其重要性。

到目前为止，我们所做的一切都是为了促成这种转变。在下一次迭代中，你可以学习如何识别这种转变，并了解当你识别了转变时会发生什么。

第五次迭代
转变

> 每一次重大的创新都来自一次向内探索的旅程，当碰触内心深处时，新的认知便浮现出来。
>
> ——W. 布莱恩·亚瑟（W. Brian Arthur）

为转变而建模

我已经谈过景观不断演变和转变陆续发生的话题，但到目前为止，我还没有具体说明如何识别转变以及当转变发生时该做些什么。

我所说的"转变"，是指发生了新的或不同的事情，即朝向客户渴望的结果发生的一个重大变化。隐喻景观在不断发展变化。即使在教练会谈的开始阶段，新的象征性符号也可能换了名称、形状或位置。一个**毛茸茸的区域**可能会变成一个**毛茸茸的球**，当客户注意到它时，那个**毛茸茸的球**可能会变成**一只小猫**——你就选择他们描述的那个象征性符号的最新版本继续探索。这是一种改变，但不是我所说的那种"转变"。我说的是一个重大的转变，比如这个转变会导致：

- 更多的改变，会成就一个很有价值的变化；
- 客户更善于应对困境；
- 模式发生转变，有助于实现渴望的结果；
- 一个必要条件出现了；
- 渴望的结果开始呈现。

尽管这种转变可能在教练会谈期间随时发生，但一旦景观已经建立并稳定下来，这种转变就更有可能发生。

当然，在你开始发展某个转变之前，你并不知道哪个转变是重要的，客户也要在回到现实生活之后才能确定知道有什么变得不一样了。

识别一个转变

要识别一个转变，我们就要对比**正在**发生的事情与**曾经**发生的事情。这意味着，要随时知道什么正在发生，这是很重要的。

下一页内容显示了客户的景观中正在发生变化的现象。

语言的转变，尤其是隐喻，就是一种关键信号。如果暗示转变的是非语言方式，或者一句口头的评价，或者一个长时间停顿，你就需要检查一下它是否确实是一个转变。为此，你可以引导客户注意自己的非语言行为或说出的评价，然后问客户：

- 刚才发生了什么？

或

- 现在正在发生什么？

象征性符号也许会发生转变或移动……

- 一条单行道也许会变成高速公路；
- 一只笼中鸟也许会飞走；
- 一只毛毛虫也许会变成一只美丽的蝴蝶。

模式也许会变……

- 想要更加坚定的人也许会告诉你，你问了一个糟糕的问题；
- 多年来一直与某种情况抗争的人也许会决定接受这种情况；
- 原先反复说它可能是这个，也可能是那个，现在他们也许会说它就是 X，就这样

客户也许会对那个转变做出一个泛泛的评价……

- 太奇怪了！
- 哇！那是前所未有的！
- 现在情况好像变了；
- 有些东西已经变了。

动词的时态或情态也许会转变……

- 我可能会……也许会变成我是……或者我会……
- 它可能是……也许会变成它是……
- 客户也许会说：它过去是……，而现在是……

客户的生理反应也许会有所转变……

- 他们也许会做一个深呼吸；
- 他们也许在椅子上前后移动；
- 他们的脸也许会发红；
- 他们也许会第一次朝某个特定的方向看。

客户说的话也许会发生变化……

- 他们的语速也许会减慢或加快；
- 也许会有一次比平时更长的停顿；
- 他们的语调也许会变化；
- 他们回答的句子长度也许会改变。

哪些迹象表明有些事情也许正在转变

案例分析 14："我冲你放了个屁"

艾德里安（Adrian）是一名高管教练，他想做更多的教练业务，但发现自己做完市场营销活动之后不想打跟进电话。他说，他希望**能够轻松地打电话，如果对方不在或者说'不'，他也可以保持良好状态**。在会谈期间，我们发现了以下顺序。

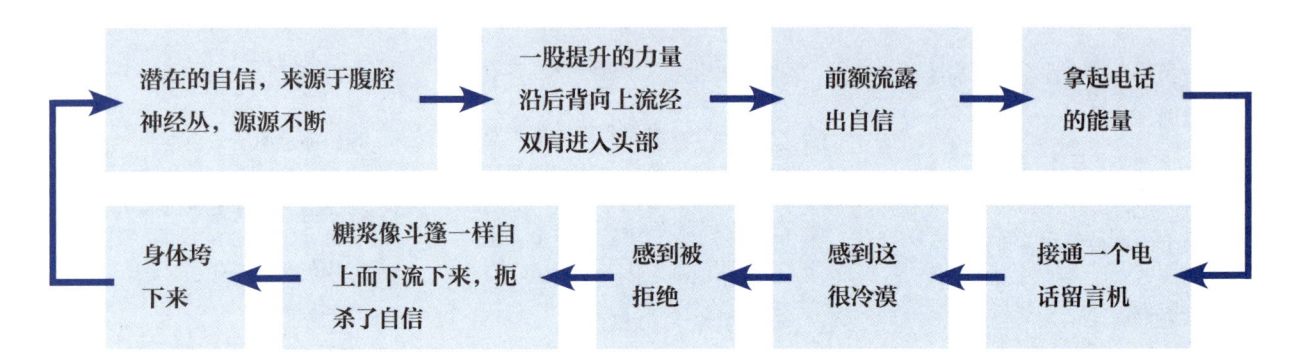

```
潜在的自信，来源于腹腔  →  一股提升的力量     →  前额流露   →  拿起电话
神经丛，源源不断          沿后背向上流经        出自信        的能量
                          双肩进入头部
  ↑                                                                ↓
身体垮   ←  糖浆像斗篷一样自   ←  感到被   ←  感到这   ←  接通一个电
下来        上而下流下来，扼      拒绝        很冷漠       话留言机
            杀了自信
```

　　有时，艾德里安只要在脑海中想象这一连串的场景，就能体验到那种被拒绝的感觉，于是他的自信在开始行动之前就被扼杀了。

　　随着会谈的进展，艾德里安开始意识到这种模式其实是起伏不定的，并视其为自己**身体**中的**自信**和自己**头脑**中的**怀疑信息**之间的**冲突**。他想**站起来**，这样，他的身体会**感觉有能量**，但这并不能扭转局面，**能量**反而好像**被两种对立的力量消耗殆尽**。

　　然后他注意到那个像**斗篷一样的糖浆**出自自己之口。他想把自己的沮丧**发泄出来**，而不是把它压抑在体内。他想过要这么说："**你就不能拿起该死的电话和我谈谈吗？！**"但这话听起来**粗鲁**又**无礼**。他希望**能够以安全的方式快速发泄**。当我针对这一点向他提问时，他说：

客户：不知道为什么，我想到了风——外面刮的那种风，不是人体内的风。（大笑）我刚想到那个蒙提·派森（Monty Python，又译巨蟒）喜剧剧团，"我冲你放了个屁"……在《圣杯》那个喜剧片段中，法国士兵用一种搞笑的口音说："我冲你放了个屁。"这个屁，除了对全球变暖作出一点贡献以外，不会毁灭这个世界，而且有点搞笑。

　　因为有了一个清晰的模型来描述正在发生的事情，艾德里安在潜意识中就会冒出这种稀奇古怪的解决方案，而幽默正是艾德里安所需要的。他决定在墙上挂一张法国士兵的照片，提醒自己在收到"不"的回复或到语音留言时，就微笑一下，再赶快继续行动。几周后，他告诉我，那个喜剧带来的灵感正在帮他在打电话时保持良好状态。

案例分析 15：灵活性

伊丽莎白希望表现出更多成年人的状态。她将这样的状态描述成自己体内有一个**温度计**，温度计**底部的玻璃球当中有一种像泥土那样平静的物质**，在**玻璃柱当中有喜悦（红色、蓝色和绿色）**。这两部分可以是分开的，也可以是连在一起的。

然而，遇到比她更镇定的人，她就经常表现得言听计从。**言听计从**的代表性动作是她冲那些人摊开左手，手心向上。手上有种**像柏油一样的软塌塌的东西**，她想**甩掉**这种东西。（她又甩手又搓手，想去掉手上的柏油。）但言听计从是她（唯一）会做的，所以好像她在努力抛弃自己的一切已知。

在回答"你希望发生什么？"的时候，伊丽莎白多次修改了自己的答案：

- **一座走向他人的桥梁**——但她意识到这仍然意味着言听计从……
- **靠边站**——这仍然意味着言听计从……
- **家里最大的孩子**（指向那个温度计）**拥有家里最小的孩子的**（左手）**创造力和聪明才智**

因为她就是家里四个孩子中年龄最小的那个，最后这个方法也没用。但是，当她转念想到自己就像**年龄最小的孩子却拥有年龄最大的孩子才有的分量和灵活性**时，她那只本来一直在动来动去的左手突然翻转，掌心向下，定在那里。有些东西发生了转变。

教练：现在正在发生什么？
客户：柏油在融化。
教练：那么，柏油在融化。那么，然后发生了什么？
客户：然后，那种言听计从的感觉就可以消失了。
教练：那么，**当柏油在融化**，同时，言听计从的感觉就可以消失了**的时候**，言听计从的感觉**去了哪里**？
客户：在地上。

接下来，**沙子落下来填满温度计底下的玻璃球，增加了玻璃球的分量**。伊丽莎白意识到，这个问题会**随着时间的推移得到解决**，而且，她也需要**冒些风险**，但这是**可以的**。当我问到**玻璃球**和**玻璃柱**时，她说：

玻璃球和玻璃柱保持不变。现在它们更坚固，有更多的形状。它们不是分开的，而是连在一起的，不是"非此即彼"，而是"兼而有之"。

在这两个例子中，我都采用了四条基本航线：

- 识别客户渴望的结果；
- 发展多个象征性符号；
- 发现空间关系；
- 发现时间关系（效果、重复性事件、资源）。

通过迭代应用这些航线，越来越多的信息出现了，创造了转变所需的条件，新的想法在各自的隐喻景观中自然浮现出来。

然而，有些时候，你也需要更直接地向客户提问：哪些先决条件需要落实到位，他们才能得偿所愿。

必要条件

会谈开始阶段就要"打好基础",以便让出人意料的转变——是呀,出人意料的转变——在条件合适的时候发生。

——詹姆斯·劳利,2011

从某种意义上说,象征性建模会谈过程中的每一个提问、每一个方面都是为了创造转变所需的种种必要条件。但是,当你竭尽所能来确保这些条件适合某种转变的发生时,你还是不知道在某个特定景观里面这些条件到底会是什么。你能做的就是去发展象征性符号、发展符号之间的空间关系和时间关系,以此来为景观做准备,并探讨那些关系之间的逻辑。

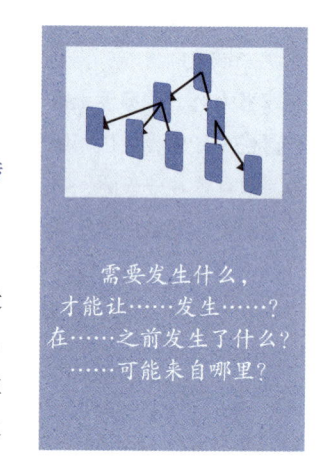

> 需要发生什么,
> 才能让……发生……?
> 在……之前发生了什么?
> ……可能来自哪里?

有时,要让一个渴望的转变发生,需要做大量的准备工作;有时,转变可能很快就发生了;有时,一个转变会让生活发生一场巨变;有时,一个转变只是景观的一次微调,为即将到来的一个更大的转变做准备。

转变是象征性建模过程中自然发生的副产品,你不需要努力让任何事情发生。通常情况下,只要发展出关于渴望的结果的景观,客户就会重整思路,自己去弄明白需要发生什么事情才能获得自己想要的东西。

如果我们把它们画在一条时间线上,"转变所需的必要条件"可能就在客户的现状与其渴望的结果之间,是在客户实现其渴望的结果**之前**需要发生的事情。

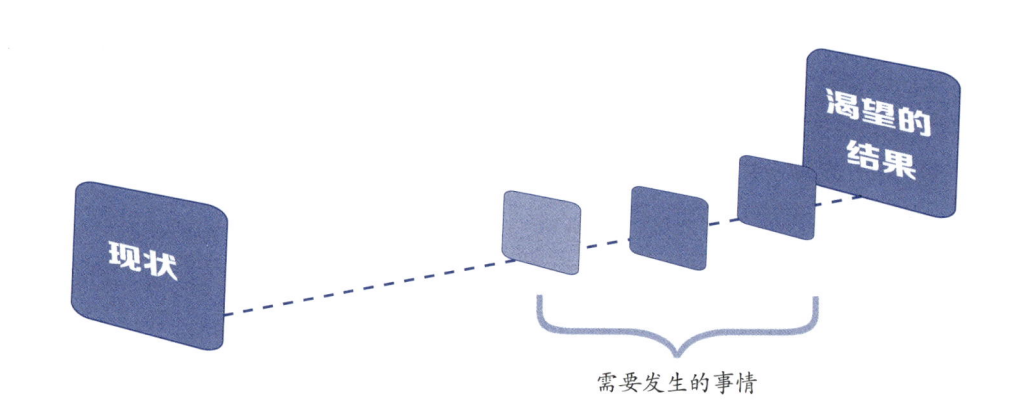

现状 ······ 渴望的结果

需要发生的事情

两个词语会表明转变所需的必要条件的必要性："**需要**"和"**不得不**"。当你听到这些词语时，仔细留意接下来客户会说什么，并准备好发展这种新的感知。

转变在象征性建模过程中会自然而然地发生，所以通常没有必要问客户"需要发生什么？"。在会谈中，千万不要过早地提出这个问题，因为如果还没有针对自己的隐喻景观获得体验感，客户不会知道最重要的必要条件是什么，而他们首先想到的条件极少会是最重要的条件。

太早提出这个问题可能会让客户感到沮丧（**如果我知道答案，我就不会坐在这里和你说话了！**），或者他们可能会给你一大堆需要满足的条件，而如果每个条件又要有自己的先决条件的话，整个事情就会变得太繁琐，你根本记不住，甚至无法有效地在纸上做记录。需要耐心等到客户针对自己的隐喻景观获得体验感（才提出这个问题），似乎是一条"漫漫长路"，但从长远来看，这样的方法更高效。

还有一点很重要，你要确保自己只是针对客户说出来的一个渴望或者一个必要条件提出这个问题。教练需要很清楚地知道，客户自己想要那个他渴望的结果的发生。针对客户并未提及而你认为会有帮助的事情提出这个问题，就不是干净的提问了。

案例分析 16：景观

在第一个例子中，客户开始使用像**不得不**和**需要**这样的词语，我不需要做任何事情，只需要在每一个新感知出现的时候发展它而已。

海伦的体重问题由来已久。她渴望的结果是：**获得一个更好的内在景观，来大体呈现出她想要自己成为的样子；吃得健康，而且对自己的身体有更好的觉知。**

在发展出了一个由**草、海、山、树、动物、鸟、鱼和阳光普照**组成的景观后，海伦现在表达了一个新的渴望的结果：

客户：我想要的是一种与所有这些融为一体的感觉。我一直害怕去户外，这不是我主要害怕的，但是……我想在那样的景观中找到合一而自在的感觉。在那里放松下来，我能感到安全和自在。

①把"感觉"发展成一种象征性符号

教练：那么，你想在那样的景观中找到一种合一而自在的感觉。在那里放松下来，你会感到安全和自在。那么，当感觉合一的时候，那个感觉在哪个位置？

客户：在我的太阳神经丛，也在我的心里。

教练：在你的太阳神经丛，也在你的心里。那么，当有那种合一的感觉时，那种感觉有大小或形状吗？

客户：是一个锁孔形状的。

教练：那么，一个锁孔形状。那么，关于那个锁孔形状，还有什么？

客户：我需要一把钥匙进去打开它。我也害怕，如果我打开了它，可能会发生什么。我无法呼吸。

这里出现了一个困境，于是我问海伦她希望发生什么。

②识别渴望的结果

教练：那么，你需要一把钥匙进去打开它。还有，你害怕如果你打开了它，可能会发生什么。还有，你无法呼吸。那么，当你害怕的时候，你希望发生什么？

客户：我希望用钥匙把门打开，但我不想看。（长时间停顿）

这很棘手。这段话的两个部分都是解药，而且相互冲突。我考虑要问"**那么，当用钥匙把门打开，而你不看的时候，然后发生了什么？**"，或者再问一次"**你希望发生什么？**"，但随着停顿的继续，我开始怀疑钥匙是否真的能开门。所以我问：

教练：现在正在发生什么？

客户：**正在发生两件事情。一方面，我感觉像是我泄露了秘密，有点糊涂……感觉某人想要走出这扇门。还感觉有些旧蜘蛛网……门后有些未知的东西。**

客户有些糊涂，我当然也不清楚正在发生什么，尽管考虑到"**我泄露了秘密**"是一个过去式，门的另一边似乎在发生一些事情。既然**某人**渴望的结果是**想要走出这扇门**，我决定探索**某人**。

③探索"某人"

教练：那么，门后有些未知的东西，也有蜘蛛网。还有，某人想要走出这扇门。那么，那个想要走出来的某人是什么样的人？

客户：那个人很生气，使劲敲门，想出去，感觉被困在里面了。有个年轻一些的女人也想出来。我感到有点糊涂。也许我应该打开门，释放那个人，然后迅速关上门，这样那个年轻一些的人就出不来了。（大笑）

让一些东西出去而让一些东西留在里面的想法继续发展，客户继续感到很困惑。在这一点上，我绝对不想代表客户做任何决定。事实上，我想尽量少做；我正在一条叫作"待在那里"的航线上。

④识别渴望的结果

教练：那么，也许你应该打开门，释放那个人，然后迅速关门，这样一来，那个年轻一些的人就出不来了。那么，你希望发生什么？

客户：感觉我不得不把他们两人都放出来。

在本次会谈的这一阶段，针对一个渴望的结果，景观已经被探索得很好了，**不得不**这样的词表明这可能是一个必要条件，也许值得去探索。

⑤发展必要条件：把他们两人都放出来

教练：那么，感觉好像你不得不把他们两人都放出来。那么，关于把他们两人都放出来，还有什么？

客户：我能感到心里有些东西。感觉好像一个很大的秤砣压在胸口上。

另一个困境出现了。我决定继续讨论这个困境，特别是整个会谈的背景就和海伦的**体重**有关。

⑥探索"很大的秤砣"

教练：那么，你能感到心里有些东西。还有，一个很大的秤砣压在胸口上。那么，关于那个很大的秤砣，还有什么？

客户：（长时间停顿）哦，我只是觉得是时候放下这个秤砣了。

在过去六次交流的过程中，关于转变所需的条件，海伦的隐喻已经从"**解锁**"变成"**出来**""**放出**"和"**放下**"。很明显，沿着这条路线，有些事情需要发生，考虑到很多事情都是自动发生的，我无须做什么，只要发展**放下**这个词。

⑦发展必要条件：放下

教练：那么，那是什么样的放下？

客户：很难用语言来表达。我有过这样一种感觉，觉得我就像这样正用双臂抱着一些东西。我需要后退一步才能放下。

海伦的回答提供了另一个转变所需的条件。

教练：那么，后退一步才能放下。那么，关于那个后退一步，还有什么？

客户：有点像往后面站，不要挡着我自己的路。就像让一只笼中鸟获得自由。打开笼门，释放小鸟。（长时间停顿）小鸟飞走了。

教练：那么，现在正在发生什么？

客户：和呼吸有关的事。正在打开。

长时间的停顿，以及听起来更有把握的回答，表明某个转变正在发生，或者已经发生。当然，在现阶段，我不知道这是否是一个重大转变。我得探索这个转变，去发现它可能带来的影响（参见第162页）。

案例分析10：扭曲的电线（续）

在与海伦的会谈中，景观自动发生了转变。和与海伦的会谈不同的是，路易丝的景观虽然发展得很好，但一直保持不变。因此，我决定帮助路易丝发现需要发生什么才能让她进行更有效的对话。

①识别和发展必要条件（1）

教练：那么，更多你想要的结果，还有，对话更有效。还有，两袋沙子、果冻、帽子、天花板、拧进帽子和天花板的扭曲的电线。那么，需要发生什么，才能让那个发生？

客户：我认为电线可能来自天空，并穿过天花板。

教练：那么，电线可能来自天空，并穿过天花板。那么，关于那个天空，还有什么？

客户：没有了。它是永远不变的。

第五次迭代 转变 159

教练：那么，它是永远不变的。那么，关于永远不变，还有什么？

客户：我想，它可能一直在那里，带着我的一小段拧进去的电线。

② 识别和发展必要条件（2）

教练：那么，它可能一直在那里。那么，需要发生什么才能像那样让它一直在那里，带着你的一小段拧进去的电线？

客户：需要能够穿过墙壁和建筑物。（大笑起来）

教练：那么，墙壁和建筑物。那么，当它可能一直在那里，还需要能够穿过墙壁和建筑物的时候，那些墙壁和建筑物在哪个位置？

客户：当我四处走动时，如果我走过一扇门，它就会跟着我，所以它必须能够穿过上面的墙，就像一把刀穿过黄油一样，虽然那看起来有点奇怪。（笑）

我不确定奇怪是有问题的还是有好处的，所以我要检查一下。

③ 识别并发展渴望的结果

教练：那么，如果你走过一扇门，它就会跟着你。还有，那看起来会有点奇怪。那么，当那看起来有点奇怪的时候，你希望发生什么？

客户：也许它需要在一个平行宇宙上，所以，它不是真实的，它可以挂在那里，成为时间之外的一步。

我真的不确定路易丝这句话是什么意思，也不知道**时间之外的一步**是否是一个困境，所以我基于最谨慎的假设提了一个问题：

教练：那么，一个平行宇宙，同时，也不是真实的。还有，它可以挂在那里。还有时间之外的一步。那么，关于那些，还有什么？

客户：就像《神秘博士》那部电影那样！

教练：那么，就像《神秘博士》那部电影那样！还有一个平行宇宙。那么，关于那个平行宇宙，还有什么？

客户：嗯，我的那一小段电线与这个宇宙是错位的，而且，它（这一小段电线）能穿透任何东西。

我仍然没有头绪。**与这个宇宙是错位的**听起来好像是有问题的，而**它能穿透任何东西**听起来非常有想法，令人难以置信。我决定找出在**这个宇宙**里面发生了什么。

④ 发现空间关系

教练：那么，你的那一小段电线与这个宇宙是错位的，同时它可以穿透任何东西。那么，当那一小段电线可以穿透任何东西的时候，在这个宇宙里面，发生了什么？

客户：这意味着我可以清楚地说话，安全地挑战他人。

啊，所以让**那根电线挂在一个平行宇宙中**看起来不是问题，而是为了实现路易丝渴望的结果所需要发生的事情。现在，我可以更新我在头脑中为路易丝的模型所创建的模型了。

尽管在很长一段时间里，我都不知道发生了什么，但因为我一直存在于在这个过程中，我对客户仍然是有帮助的。而且，由于路易丝如此专注于自己的景观，她可能不知道我这边发生了什么——而这正是我想要的。

⑤**识别和发展必要条件（3）**

教练：那么，需要发生什么才能让**那一小段电线挂在一个平行宇宙中**？

客户：**我只需要去想象它。**

教练：那么，**你只需要去想象它**。那么，**在什么地方**，**你需要去想象它？**

客户：**无论我走到哪里。**

此刻，我有三个选择。我可以问：

- 那么，需要发生什么才能让你**无论你走到哪里都会去想象它？**
- 那么，关于**无论走到哪里你都会去想象它**，还有什么？（或其他发展类问句）
- 那么，**你能无论走到哪里都会去想象它吗？**

我一般倾向于不问"那么，能……吗？"，除非我有 90% 的把握确定客户会坦诚地回答"**是**"。这将取决于上下文，取决于之前会谈中发生过什么，取决于我对客户可能如何回应的猜测。在这个案例里面，我的理由是：（a）为了探索这件事，路易丝肯定一直都在想着它；（b）整个景观从一开始就非常稳定，所以，她无论走到哪里都可能去想象它（尽管这听起来像是一项艰巨的任务）；（c）她使用了"**只需要**"这个词，这表明她认为这很容易。所以，我就选择了第三个问句。

教练：那么，**你能无论走到哪里都会去想象它吗？**

客户：**是的，我能。**

路易斯说了"**是的**"，这意味着不需要提出其他两个问题了。如果她说"不"，我就需要回去探询条件。

下一步将是找出当路易丝无论走到哪里都会去想象它时会发生什么（参见第 166 页）。

酝酿转变

当我拜访一位一段时间没见面的朋友时，我俩总会聊起上次见面后都做了什么事。聊起这些，我们当中就会有一个人提起"亚当怎么样？"或者"乔纳森怎么样？"。于是，他们就成为我俩交谈的话题。然后是"夏娃怎么样？""你妈妈怎么样？""艾米最近在忙什么？"。谈话就这样继续着，直到我们把所有家人和朋友的近况都了解了。当我们忙着过自己的生活时，别人也一样。

同样的情况也出现在一个隐喻景观中。当你和客户忙着关注某个象征性符号或被某种感知吸引时，背景里的另一个象征性符号或感知可能会发生转变。当一个新的象征性符号出现时，其他的象征性符号可能会发生重组。每隔一段时间，尤其是每当景观发生转变时，你们就要检查一下该景观的其他部分发生了什么，这一点很重要。

你可以用这两个问句发现一个转变带来的影响："当……时，……发生了什么？""然后发生了什么？"（或者"接下来会发生什么？"）同时，也可以通过发展任何新出现的象征性符号来发现转变所带来的影响。这就像作为某一个进化过程中的某个部分，你在同时运行发现空间关系和发现时间关系这两条航线，以此发展和延伸转变。大卫·格罗夫把这个过程统称为"酝酿转变"。

酝酿不是一个单一的过程，而是一系列相互作用、相互推动的过程。……你还和以前一样使用同样的干净语言的问句，但目的不同——一旦某个隐喻景观开始转变，你就需要促使它走向成熟。

——劳利和汤普金斯，2000

案例分析 16：景观（续）

① 发展"呼吸"

教练：那么，呼吸，那么，关于呼吸，还有什么？
客户：吸入生命的力量，吸入那个景观中的丰盛与能量。

② 发现时间关系："呼吸"的影响

教练：那么，吸入生命的力量，吸入景观中的丰盛与能量。那么，当你吸入那个景观中生命的力量、丰盛和能量时，然后发生了什么？
客户：我能听到音乐。我觉得联系更紧密了，和声音与音乐的联系更紧密了。

③发展"音乐"

教练：那么，当你能听到音乐时，你觉得与声音和音乐的联系更紧密了，你能听到的那个音乐在哪个位置？

客户：就像是在感受大自然的节奏、生命的节奏。

教练：那么，大自然的节奏，还有，生命的节奏。那么，当感受大自然的节奏和生命的节奏的时候，关于节奏，还有什么？

客户：感觉自己就像在随波荡漾。

④发展"联系"

教练：那么，在时间之中的感觉，那么，当你在那个节奏里，在那个时间里，还有，在那个生命的节奏里，同时，你与声音和音乐的联系更紧密了。关于联系，还有什么？

客户：嗯，我觉得与嗅觉、声音和味觉的联系也更紧密了。我感觉与自己的各种感官都联系起来了。

⑤发现时间关系：转变的影响

教练：那么，与嗅觉、声音、味觉和各种感官的联系更紧密了。那么，当你像那样与感官的联系更紧密的时候，然后发生了什么？

客户：我感觉更丰盛了。生活更丰盛，我更快乐——对生活更有安全感。

⑥发展"更快乐"

教练：那么，你感觉更丰盛，生活更丰盛。还有，你感到更快乐、对生活更有安全感。那么，当你感到更快乐时，你在哪个位置感到更快乐？

客户：在我的脑海里，在我的耳朵里，向下进入我的身体里。

教练：那么，在你的脑海里，在你的耳朵里，向下进入你的身体。那么，当它像那样在你的脑海里、在你的耳朵里、在你的身体里时，关于更快乐，还有什么？

客户：在我的周围，有一种闪闪发光的感觉。

教练：一种闪闪发光的感觉。那么，当一种闪闪发光的感觉（出现时），那是什么样的闪闪发光？

客户：它就像日出，日出时太阳周围的光芒，像一圈柔和的霞光。

教练：那么，就像日出时太阳周围柔和的霞光。那么，关于那个日出，还有什么？

客户：就像当太阳升起的时候……在早晨，穿过树林，你会看到露水。你会有清新的感觉。那是空气中的一种特质……空气中有早晨的清新气息。

我想知道这些树是否和以前一样，这似乎是一个针对初始景观提问的好时机。

⑦发现空间关系：对初始景观的影响

教练：那么，太阳升起，穿过树林，**还有**露水和清新的感觉，**还有**早晨的清新气息。那么，当你的周围闪闪发光，就像日出，**还有**，你在时间里，**还有**，与自己的各种感官联系起来，**还有**，更丰盛，也更快乐，景观**发生了什么**？

客户：景观更有活力。我能听到好像昆虫发出的嗡嗡声。一切感觉都充满活力。我能听到动物的咀嚼声。我能感觉到周围的一切都是鲜活的。

⑧发现时间关系

教练：那么，周围的一切都是鲜活的，**还有**，昆虫发出的嗡嗡声，**还有**，动物的咀嚼声。那么，当你在那片景观之中，**同时**，周围的一切都是鲜活的，**然后发生了什么**？

客户：嗯，我感觉更有活力了。有点像电影《音乐之声》开头的那种感觉。

教练：那么，就像电影《音乐之声》的开头。**同时**，你感觉更有活力。那么，当那片景观充满活力，**同时**，你也充满活力**的时候**，关于那片景观，**还有什么**？

客户：它让我想唱歌。我觉得更快乐。我在草地上更灵活。我的脚步更有弹性。有一种自由的感觉。我呼吸着新鲜的空气，每一个细胞里都饱含生命力。

自从笼中鸟被自由放飞以来，景观已经不断演变、扩大，越来越丰富。现在是时候让转变的影响波及其他象征性符号了。初始的景观中曾有一道**让人心烦的彩虹**。

⑨发现空间关系：对"彩虹"的影响

教练：那么，当感受到来自恒星和行星的能量、感受到生命的节奏时，**彩虹会发生什么**？

客户：这是一个有趣的问题！嗯，彩虹可以是周围所有的颜色——草的绿色，天空的蓝色，太阳的黄色，石楠的紫色，地面的红色，以及构成日落和日出的颜色。彩虹的感觉还带来更多感受。我只是在想彩虹的特质和美丽的色彩。彩虹似乎就在那里，我能随时随心所欲地召唤它。感觉它不是那么稍纵即逝，好像要逃走。

我注意到海伦说**彩虹可以是周围所有的颜色**，我已经准备好针对**可以是**来提问了，结果她又换成了现在时表达，说彩虹**感觉不是那么稍纵即逝**，这是另一个转变的信号。所以，我认为彩虹**现在是**周围所有的颜色。然而，当我向海伦重复第一部分她说的话时，我仍然使用"**可以**"这个词，所以她至少会听到它，如果我的假设不正确，她可以再次注意到这个词。

⑩发现时间关系

教练：那么，彩虹可以是周围所有的颜色。还有草的绿色，天空的蓝色，太阳的黄色，石楠的紫色，地面的红色，以及构成日落和日出的颜色。还有，彩虹的感觉还带来更多感受。**同时**，感觉它不是那么稍纵即逝，你能随时随心所欲地召唤它。那么，当你在那片景观之中，同时，你能随时随心所欲地召唤它时，然后会发生什么？

客户：我现在正使劲想，彩虹尽头那个金锅在哪里？（笑）

海伦已经掌握了这个（干净地酝酿转变的）窍门。现在，关于象征性符号受到的影响，她在自己问自己。

教练：嗯。那个金锅在哪里？
客户：我也不确定。这是个谜。

流程似乎停滞不前了，**谜**有可能是个困境，所以我把决定权交给了客户，而不是由我来决定下一步去哪里。

⑪ 识别渴望的结果

教练：那么，你不确定……这是个谜。那么，当这是一个谜的时候，你希望发生什么？
客户：哦，它很可能变成无数小金片，在地球和行星上闪闪发光，看起来很漂亮。无忧无虑，因为你得到了很多金子。

这个过程还在继续，我再次注意到海伦在开始回答时**很可能**这个词是过去时态，接着却用了（英语语境中的）现在时态。因为我们在继续扩大这些转变的影响，我便把这一点记在脑海里。

⑫ 发现时间关系

教练：那么，金子看起来很漂亮，还有，无忧无虑，还有，无数小金片在地球和行星上闪闪发光。那么，当无数小金片像那样闪闪发光时，然后会发生什么？
客户：每逢下雨，它就不停地转，在一圈水里面打转转。它不断上升，然后下雨了，它沉在泥土里，就这样浮起来，又沉下去。

彩虹和大金块现在已经融入无比丰盛的景观之中，于是，我开始好奇门后的那个年轻女人和那个愤怒的人。

⑬ 发现空间关系：对"年轻一些的女人"和"愤怒的人"的影响

教练：那么，金子在一圈水里面打转转。还有，在泥土里，浮起来，又沉下去。那么，当金子在一圈水里面打转转时，那个年轻女人和那个愤怒的人会发生什么？
客户：年轻女人长大了，如花绽放。那个愤怒的人也不再生气了。她已经退休了，好像她已经放下了愤怒。好像她已经放手了，可以和其他人一起享受生活。

⑭ 发现转变对原先渴望的结果的影响

教练：那么，当年轻女人长大了、如花绽放，同时，愤怒的人也不生气了的时候，你想要有一个更好的内在景观来大体呈现出你想要自己成为的样子，会发生什么？
客户：好像我能感觉到自己在慢跑。我在景观中奔跑。上山看日出，下山感受自由。还会在景观中大笑、与他人互动，更多互动。我有了灵感，也能欣赏生命的丰盛。

我很想问一下**灵感**的位置。但我们已经超时很多

第五次迭代 转变 165

了，海伦已经说过她想要不止一次教练会谈，所以我就结束了这次谈话。

案例分析 10：扭曲的电线（续）

你会记得，路易丝刚才说她能想象到她的**那一小段电线挂在一个平行宇宙里**。

既然她已经定义了得到自己想要的结果所需的条件，并且她现在知道她可以实现其中一个至关重要的条件，这似乎足以开始酝酿一个转变了。

①发现时间关系：让转变不断演化

教练：那么，当你想象到那根电线，在一个平行宇宙里面，就挂在那里的时候，然后会发生什么？
客户：这意味着我可以很自信，可以比以前做更多事情。

②发展"自信"

教练：那么，你可以很自信，处理更多的事情。那么，当你可以很自信的时候，你的自信在哪个地方？
客户：主要在工作上。
教练：那么，主要在工作上。那么，关于在工作上的自信，还有什么？
客户：没有，我想没什么了。

这条航线似乎没有什么结果，所以我转而应用第三种酝酿转变的方法。

③发现空间关系

教练：那么，当你在工作上更加自信的时候，扭曲的电线会发生什么？
客户：它就留在平行宇宙里面。
教练：那么，当它就留在那里时，粉红色的果冻会发生什么？
客户：保持柔软，而且，这意味着我可以说话。
教练：那么，当电线留在那里，还有，果冻保持柔软，两个沙袋会发生什么？
客户：它们变得更柔软了。

电线和**果冻**保持不变，所以没有必要进一步发展。但**沙袋们**是**更柔软的**了，所以我就去发展它们。

④探索发生转变的象征性符号

教练：那么，它们变得更柔软了。那么，当两个沙袋变得更柔软的时候，那个更柔软像什么？
客户：像装有柔软羽毛的枕头。
教练：那么，装有柔软羽毛的枕头。那么，那些枕头在什么位置？
客户：它们在一个办公室里，相对而立。
教练：那么，当这些枕头很柔软，同时，在一个办公室里相对而立时，关于那些枕头，还有什么？
客户：它们很放松。

⑤发现时间关系：新的象征性符号的影响

　　教练：那么，柔软的枕头，还有，放松，还有，相对而立。然后发生了什么？

　　客户：它们可以进入梦乡，做自己要做的事情。

在路易丝的景观中，一切看起来都很好，但在结束会谈之前，还是让我们看看原先的困境发生了什么吧。

⑥发现空间关系

　　教练：那么，当它们可以进入梦乡、做自己要做的事情的时候，冲突发生了什么？

　　客户：它得到了处理。我不再逃避它了。

⑦最后的检查

　　教练：那么，冲突得到了处理，你不再逃避它了。那么，现在还有什么需要做的吗？

　　客户：没有了。

　　教练：那么，当平行宇宙里面有一小段扭曲的电线，同时，你能想象到那段电线……自信的……果冻保持柔软……你可以清楚地说话，还有，安全地挑战他人，还有柔软的枕头……放松……在一个办公室里面相对而立，还有，冲突得到了处理……你不再逃避它了，我们就停在这里，好吗？

　　客户：好的。

会谈之后

当我联系路易丝，跟她说我想在本书中使用与她的会谈内容时，她告诉我会谈之后在她身上发生的变化：

> 会谈结束后不到一周，我发现自己陷入了几次冲突中。为了获得想要的结果，我坚持了自己的立场，冷静地处理了每一个情况。我之前的做法就是走开，避免任何冲突，然后就会有好几天都感觉很难过。自从那次会谈以后，我变得越来越强大了。

练 习

现在，你已经阅读了每条航线的例子，也读过一次会谈的每个部分的例子，你会发现，复习第108-109页"一次教练会谈的概览"那部分图是有帮助的。尝试与朋友或同事一起进行一次完整的教练会谈吧。

想看到更多案例分析、范例和学习活动的信息，请查阅www.cleanapproachesforcoaches.com。

结束会谈

会谈在结束前可能会发生以下四种情况之一：

- 景观已经改变，转变已经成熟，本次会谈自然收尾；
- 景观发生了一些转变，新的困境出现了；
- 没有发生任何转变；
- 客户表示他们现在得到的收获已经足够了。

我通常与客户会谈 90 分钟。我发现，大多数景观可以在这段时间里充分发展出来，并可以演化出一个对客户有益的结论。一位客户最近与我预约了一系列时长为一小时的会谈，但每次我们都要花相当长的时间来（重新）建立景观，然后不一会儿就要结束会谈了。我建议延长会谈时间，她便和我进行了一次两个小时的会谈。在会谈进行了大约一小时又一刻钟后，一个重大的转变发生了。大卫·格罗夫曾说过，转变是在某个情境中发生的——而景观必须充分发展，才能形成转变所需的情境。

如果你还是一位新手教练，你可能会一直问问题，不知道什么时候该停下来。一旦积累了一些经验，你就会发现，一旦景观发生转变并保持转变后的样子，整个会谈工作就会自然而然地结束，一个稳定的新景观形成了，那就是客户喜欢的景观。

如果发生这种情况，您可能会问：

那么（**客户最近的说话**），那么，当（**重述渴望的结果**）的时候，为了让那个渴望的结果发生，在这次会谈中，还需要发生什么吗？

这可能会让你进一步发展一些象征性符号，直到不需要再发展什么。为了表示会谈已经结束，客户通常会说出诸如"**我好了**"或"**这太不可思议了**"这样的话，或者改变他们的位置，回归到一个比较日常的对话中。

如果他们没有得出结论，或者转变没有发生，或转变不完整，你可以用以下任何一段话来总结：

那么，当（回顾当前景观的所有元素）时，那是一个停止会谈的好地方吗？

那么，当（回顾当前景观的所有元素）时，就根据你的需要，花时间去更多地了解（元素 1）、（元素 2）和（元素 3），等等。

要切换回"正常"对话，你可以采用以下一种或多种方式：

- 身体姿态作出调整；
- 使用客户的名字，并以第一人称（我）与其交谈；
- 采用更适合谈话的语气和速度，把客户的注意力带回此时此地；
- 在概念层面展开更多对话；
- 询问客户对这次会谈是否有任何意见；
- 分配一项任务或作业，或邀请客户创建自己的任务或作业。

会谈后的任务

客户不会因为会谈结束就把自己的隐喻抛到脑后。许多客户反馈说，在会谈结束很长一段时间后，自己还会从那些隐喻中不断得到更深的领悟、收获更多好处。通过建议客户在会谈后完成一些任务，你会促进这样的现象发生。

我们最经常建议客户完成的一项任务，是把会谈中发展出来的隐喻景观画出来或标识出来。这也是完整建模过程中不可或缺的一部分，还可以作为下一次教练会谈的起点（你也可以在会谈中就邀请客户把自己的景观画出来，作为对当下已经发展出来的景观的一个"小结"）。然而，这项活动的主要原因是让自我建模的过程能够在会谈之后持续进行。

> 当这些景观在空间上和图形上代表了他们已经知道的东西时，客户可能会在景观中添加细节、填补空白并发现新的关系。
>
> ——劳利和汤普金斯，2000

客户认为有帮助的其他任务包括：

- **写作**。例如，写下会谈期间发生的事情，持续记录与其象征性符号和隐喻相关的领悟，或写一首诗。
- **记录那些特别的行为**。我的一位客户写了一本"希望"日记。每天三次，她会停下手头的事情，记录下自己的思绪，就用自己在会谈中发展出来的太阳符号来表达希望。符号越大，表明她当时感觉到的希望越大。
- **研究自己在会谈期间使用的单词和短语**。在字典、词源词典或关于单词和符号含义的书籍中查找这些单词和短语，他们会收获更多的洞见。
- **尝试新的行为**：就像任何类型的教练活动一样，如果客户在会谈期间提到新的行为或策略，在"真实"世界中尝试这些新的行为或策略会让他们知道什么是有效的、有价值的，并可能为下一次教练会谈提供一个起点。
- **亲身体验自己的隐喻景观**。例如，如果客户的隐喻是关于站在山上俯瞰山谷，那么，去一个真正的山丘和山谷旅行，并留意自己站在那里注意到什么东西。这个体验对他们会很有帮助。
- **思维导图**。有些人发现，思维导图（包括单词、短语、简笔画）是梳理思路的好方法。
- **3D 建模**。例如，使用乐高积木或黏土造型来代表自己的隐喻景观。

那么，转变……

所需的条件……

酝酿转变……

那么，接下来会发生什么？

你可能想知道，在结束一次会谈并给客户布置了任务之后，下一步可能是什么。

我想到的第一个答案是，客户离开了，也许会在几周后回来参加下一次教练会谈。

许多教练的一个标准做法是为客户提供四到六次教练会谈。我不这样做，尽管有些客户选择提前预约几次会谈。我的大多数客户每次只预约一次会谈。这符合干净的原则，即客户知道什么对自己是最好的，而我无法提前预知某人需要开展多少次教练会谈。有些客户通过一次会谈就得到了自己所需的东西，就再也不来见我了。其他人在第一次会谈结束时会知道自己需要或想要多几次会谈。有些人在完成一次会谈后的几周、几个月甚至几年后还想要另一次会谈，于是他们就会给我打电话。

如果某些客户回来继续开展教练会谈，并且他们已经完成了之前你布置的任务，你就可以借此展开新的对话。例如，如果他们完成了一幅画，你可以邀请他们描述一下那幅画，然后问他们：

那么，（**客户的原话**），那么，当所有这些都这样时，现在，你希望发生什么？

另一种问法是：

那么，（**客户的原话**），那么，当所有这些都这样时，你被什么吸引了？

当然，你仍然需要找出针对这次会谈他们所渴望的结果是什么，所以你可以在会谈的早期就问出来：**你希望发生什么？**

有些客户可能会沉浸在自己的画作中不能自拔，在这种情况下，你需要找到一种将他们的注意力从画作上移开的方法，这样他们就可以开始在自己身处的位置上、在自己的身体里面和周围关注那些象征性符号和隐喻。当他们看着眼前那张画纸时，景观是不太可能在他们的心里变得鲜活起来的。

要做到这一点，有个好方法，就是你选择他们的画作已展示出来的一个象征性符号，向他们提问：

那么，当（**象征性符号**）的时候，那个（**象征性符号**）在哪里？

当你提出这个问题时，你的手势指向他们周围的空间，以帮助他们关注到自己所在的立体空间（3D），而不是只关注眼前那张平面的纸（2D）。

如果你与客户开展了好几次教练会谈，客户生成了大量的"隐喻地图"，你就可以邀请他们把那些地图都摆在眼前，并问他们被什么吸引了。这样，你会帮助他们发现这些地图表现出什么模式。

接下来会发生什么？答案和我说过的过程性功效有关。在大部分情况下，这样的过程（客户会得到自己渴望的结果）都会奏效。然而，如果谈来谈去，客户的景观还是那样，你就得改变做法，这样的情况偶尔也会发生。如果你们在第108-109页展示的循环中兜了好几圈之后，转变（其带来的差异是有价值的）还是没有发生，那么，客户可能遇到了某种束缚。

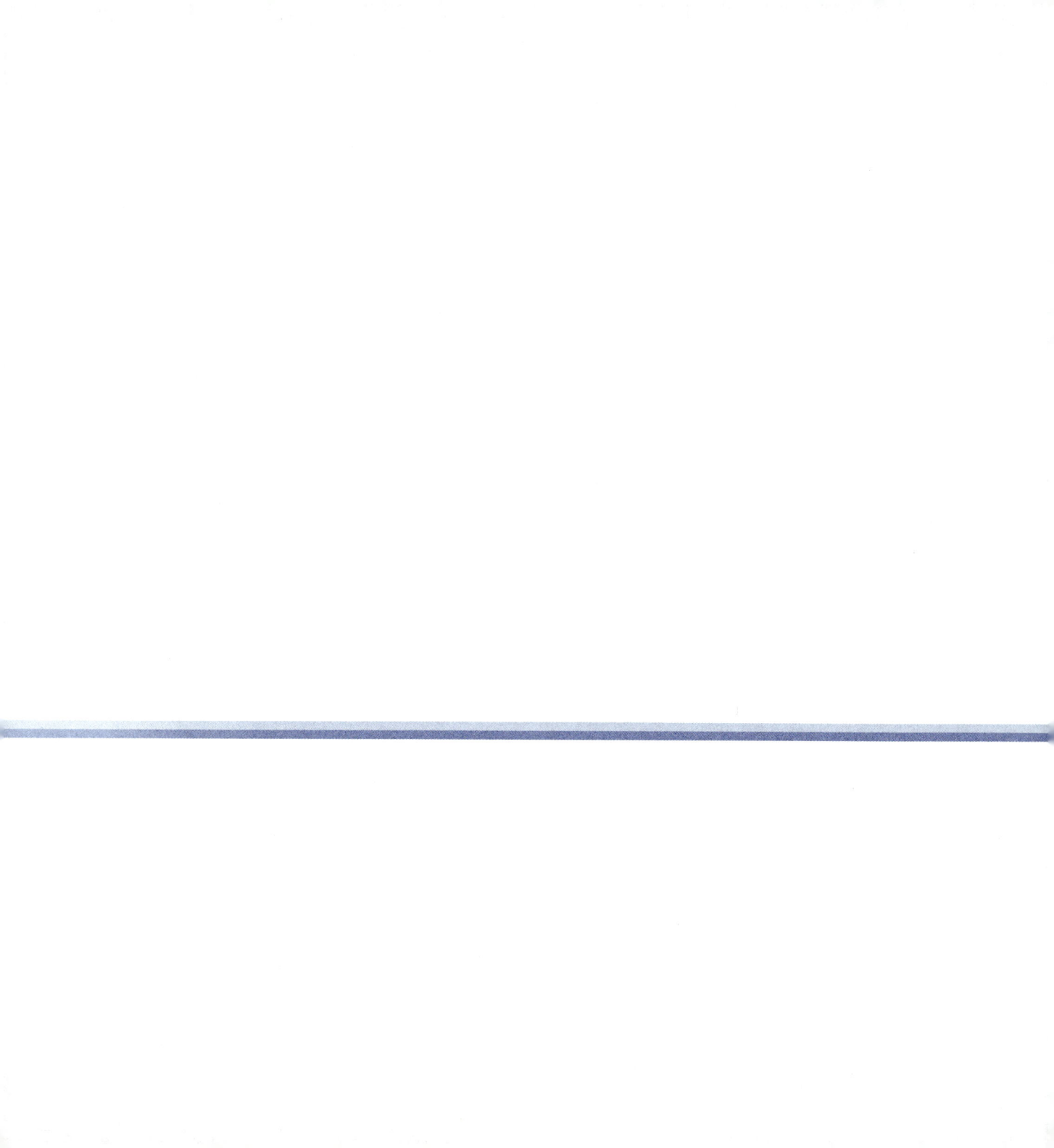

第六次迭代
应对束缚

人类有一种怪癖，就是会作茧自缚，无法自拔。

——加雷斯·摩根

从模式入手

"束缚"是"束缚模式"的缩写,所以,在开始了解束缚之前,让我们先停下来探讨一下模式的特征。

每个模式都由一些要素构成,也有一个具有重复性的组织系统(各要素之间的关联方式)。模式的重复性意味着模式具有可预见性。例如,出自同一作家的三部不同的侦探小说的故事情节往往就有一定的套路。

> 模式无法被测量或衡量,只能被绘制出来。想要理解一种模式,我们必须首先绘制一个关系的结构图。
> ——弗里乔夫·卡普拉(Fritjof Capra),1997

当彭妮和詹姆斯在开发象征性建模的方法时,他们发现了自我组织系统的层次[肯恩·威尔伯(Ken Wilber),1995]和隐喻景观的层次之间的相似性。他们认为隐喻景观有四个层次,如图所示。

符号并不是孤立存在的,我们已经了解到符号之间相互关联的几种不同方式,而每一个关联都不是孤立的。在与路易丝的会谈中,我们探索的不仅是一根**拧进天花板**的**电线**,这根**电线**也**拧进**了一顶**帽子**,电线和帽子又**通过一根棉线连接到果冻**。这根线**来自天空**,**可以穿过墙壁和建筑物**,最终悬挂在一个**平行宇宙**中。**电线**与许多符号以不同的方式相连,这些符号和关系形成了一种模式,路易丝称之为**协调**。**协调**贯穿于她提到的所有隐喻。

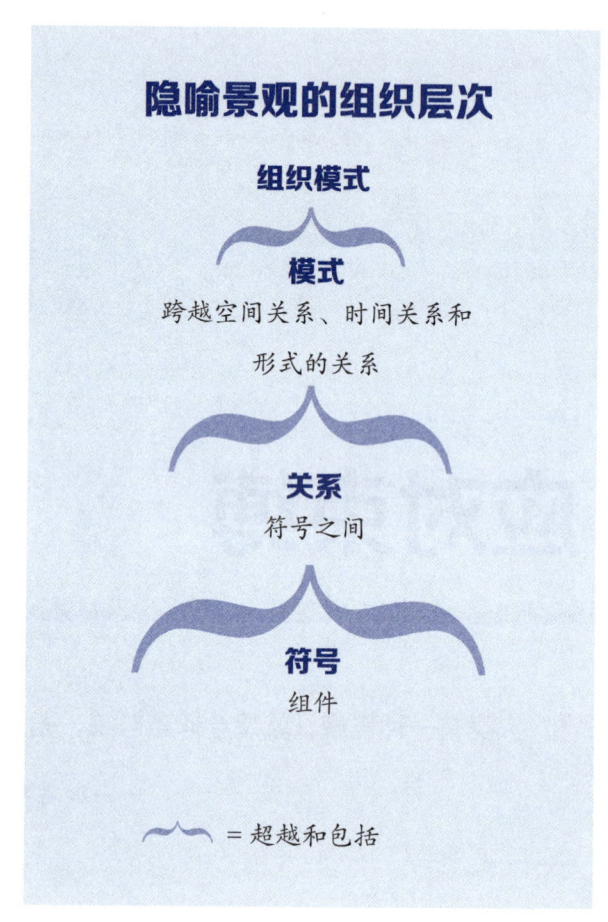

隐喻景观的组织层次

组织模式

模式
跨越空间关系、时间关系和形式的关系

关系
符号之间

符号
组件

⌒ = 超越和包括

注:劳利和汤普金斯(2000),经许可翻印。

通过发展**协调**这个新的隐喻，路易丝绘制出了一个新的模式：待在房间里，进行成人对成人的对话，不仅是在熟悉的环境中，而且在她不熟悉的情况下，她也不再逃避冲突。随着时间的推移，这种新的模式可能会延伸到生活的其他方面。这时，这些模式会形成一个新的"组织模式"。

组织模式是模式的模式。它是反映系统特性的一种模式。人在变老的过程中，其个性仍然会保持不变。将人与其存在方式联系起来的行为模式是组织模式。

用另一种方法理解就是，尽管每棵树都是独一无二的，但正是构成树的模式使我们能够认出它们都是"树"。

当我第一次以客户的身份去见彭妮和詹姆斯时，他们留意到我经常说"**我可能需要那个**"。当我们探索这一点时，我发现"**我可能需要那个**"是我的组织模式之一。我会在许多情况下这样表达，并导致我喜欢囤积各种东西，如电子邮件、文件、笔、书籍、想法等等。我选择保留这种模式（除了我在教练会谈中），我现在觉察到的是，我必须想方设法让所有"我可能需要"的东西井井有条。

组织模式往往容易识别，却不容易定义。然而，在教练会谈中，我们并不需要去定义它们。客户可以识别它们就足够了，如果能找到模式的隐喻就更好了。正如我们前面所讨论的，客户使用的某些词和短语，代表他们识别出了一个模式。

> 我老是遇到这种情况。

> 无论如何，我总能振作起来，找到一条出路。

> 一遍又一遍地重复同样的倒霉事情。

> 我又回到了原点。

如果一个新的隐喻出现，比如**我又回到了原点**，这时，你可以用前面讲过的方式来处理：发展单个符号（**我**和**原点**），并找出它们在空间和时间上的关系。也就是说，你再从符号的层次开始。

当然，**又回到了原点**听起来像是一个困境，所以你很有可能问客户："那么，**当你又回到了原点时，你希望发生什么？**"如果客户回答这个问题，他们就是从模式层面描述渴望的结果。无论他们当时是否能意识到，这意味着他们可能已经从**原点**走出来了——除非你发现这是一个束缚（模式）。

束缚是客户不得不重复的模式，因为他们没有选择。其中一个主要原因是他们对束缚模式的"**结构**"缺乏了解。一旦他们对束缚进行自我建模，新的发现就会应运而生。

第六次迭代　应对束缚　175

什么是束缚？

一般来说，当客户陷入困境时，问他"**你希望发生什么？**"来发展他渴望的结果，通常就可以解决那个困境（或使困境变得不相干）。不仅在会谈开始时，而且在整个会谈过程中，你都可以用这条经验法则。例如：

客户：我想办一场梦想中的婚礼。

你可以花时间发展**我梦想中的婚礼**，带出一系列客户想要的东西，从一辆马车到一件名师设计的礼服和七个伴娘。接着：

客户：问题是，把所有费用加起来一算，我发现我们负担不了。

景观中出现了一个困境，所以你会很自然地问：

教练：当你们负担不了的时候，你希望发生什么？
客户：在预算范围内找到一个方案，让我得到想要的一切。

现在，你开始发展这个方案，也许会发现亲戚里有一个有才华的女裁缝可以做衣服，还有一个人会烤很棒的蛋糕，等等。接着：

客户：我母亲去年去世了，看不到我结婚了，我很难过。

又是一个困境，所以你再次邀请客户思考他想要什么：

教练：那么，**你的母亲去年去世了，看不到你结婚，你很难过**。那么，**你希望发生什么？**
客户：我想我还是必须接受它。我不能让她复活，不是吗？但如果她能从天上看到我就好了。

就这样，每出现一个困境，你便问客户希望发生什么，使客户逐渐明白自己真正想要的是什么。

在这个例子中，有两种困境：

- 第一个困境（负担不起所有的费用）是一种"日常"困境，可以用常识性的解决方案来处理。
- 第二个困境（客户的母亲已经去世）是一种无法解决的困境，只能接受 / 与之共处。

但如果一个准新娘说：

客户：我想结婚，我希望我的父母都出席。但他们离婚了，互不理睬。如果我父亲来了，我母亲就会拒绝露面，反之亦然。没有他们同时出场，我的婚礼是不完整的，于是我需要重新考虑是否要结婚。

这显然是一类完全不同的困境——这就是我们所说的束缚。

识别束缚

当你读到前面那个例子时，你是否：

- 觉得很难理解，不得不重读一遍？
- 对这个情况束手无策？
- 感到困惑或无助？
- 好奇干净的问句到底怎么能改变这个困境？

束缚可能是令人困惑、复杂和而费解的。如果你在教练会谈中感到绝望或无助，这很可能是客户陷入束缚的信号，然而，你需要确认陷入束缚的是客户，而不是你自己。

我最近看了一期叫作《观众》（The Audience）的节目，节目中有 50 个人与一位进退两难的农夫相处了一周，他们都想给农夫出主意，告诉他应该怎么办。两天后，大多数观众也陷入了束缚。他的困境让这些观众夜不能寐，不知道怎么办才好。

幸运的是，通过干净的教练方法，你并不需要为客户做任何决定或提出任何建议。你也不需要通过觉察自己的困惑来判断你的客户是否陷入了束缚。正如我在这本书中提到的各种经验，束缚有一个特定的结构，以及特有的语言"线索"。

我们从语言线索开始。右列是客户在陷入束缚时可能使用的一些隐喻示例。

我处于进退两难的境地。

一方面，我要……但另一方面，我要……

我在兜圈子。

条条大路通地狱。

我被困在一个没有门的笼子里。

我被困住了，没有出路。

我在迷宫里迷路了。

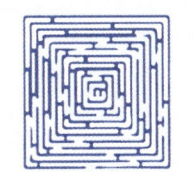

我在用头撞墙。

劳利和汤普金斯（2000）对束缚的定义是：

> 任何重复出现的自我保护模式的统称，该模式对客户来说既不合适也没有任何帮助，但客户无法改变这种模式。

《观众》中的农夫已经在他年迈的叔叔的农场里工作了五年。他是这个农场唯一的一名全职员工，工作时间长，对农场的经营没有话语权，收入也没有达到最低工资水平。他每两周有一个周末可以休息，这段时间他就去陪伴和前妻生的孩子们。他没有什么时间和女友相处，所以担心她会离他而去。他想离开农场，但他是由两个叔叔抚养长大的，如果他离开，农场将被卖掉，他的叔叔们就得搬到别的地方去住。他不想让他们失望，所以留了下来。

这个故事具有束缚的所有特征：

- 这是一个复杂的困境。如果他很容易作出决定，那就不是一个束缚。
- 对他来说，无论怎么做，都无法摆脱这个束缚。
- 有两种相反的结果：他可以留下，也可以离开，但这两种结果对他来说都不可取。

所有束缚的根源是至少有两个自相矛盾的意图，它们可以是：

- **两种结果**：必须在两个（或多个）相互冲突但同样有吸引力的结果中作出选择，比如两个回报相当的工作机会；
- **两种解药**：必须在你不想做的两件事情之间作出选择，比如你在休假回来的第二天病了。你可以选择去上班（因而没有给自己足够的时间来恢复身体），或者选择不去上班（但担心别人是否会认为你延长了假期）；
- **一种结果和一种解药**：一种你既想要又不想要的情况，比如，爱上一个对你不好的人。

陷入束缚的人因为处境艰难，所以他们会想办法暂时忘记这件事，以便从问题无法解决的状况中获得片刻的解脱。只有当他们到达一个临界点或收到最后通牒时，他们才会采取行动。

随着《观众》的剧情继续发展，这位农夫已经被想要出售农场的其他家庭成员搞得焦头烂额。现在，他必须作出决定：如果他决定留下，他的叔叔们将能够买回农场的一部分；如果他不这样做，叔叔们就不得不去养老院，尽管他们非常不愿意去。

再举一个例子。苏希望能够改变观点，将自己的想法翻转为积极的观点，这样她就能关注生活中重要的东西，而不是为小事而烦恼。她讲述了几次这样的经历，然后说：

> 在这两种情况下，翻转都是因为绝望。我不得不先去到谷底，才能触底反弹，获得成功。如果我只是告诉自己要翻转，那是不会成功的。单凭理智是徒劳的，我必须先触底。但是我不想为了成功而把自己的一生都花在走向谷底这件事上。也许我的小心翼翼和对自己的过度保护阻止我去到谷底，但这样我也无法去做自己想做的事情了。

双重束缚

格雷戈里·贝特森于1956年创造了"双重束缚"一词。当第二个束缚阻止第一个束缚的解除时,双重束缚就发生了。例如,当有人要求你"表现得自然点"时,你就会陷入束缚,因为这个要求本身就让你感觉不自然。如果出于某种原因,你无法忽略或者无法违抗这一要求时(不管出于什么原因),你就会陷入双重束缚,变得非常焦虑。

案例研究 17:药物与饮食

就在一年前,夏洛特被诊断为患有多发性硬化症(Multiple Sclerosis,MS)。她立即服用了一种相对较新的可以最大限度地降低复发的强效药。她还广泛地研究了其他替代疗法,并一直遵循乔治·耶利内克博士(George Jelinek,2010)发明的饮食疗法,这种饮食疗法帮助了许多多发性硬化症患者保持健康。夏洛特在确诊前的健康情况曾经非常糟糕,可是在这一整年里,她出乎意料地健康,只是她不确定这是因为饮食疗法还是药物的效果,或者两者兼而有之。

她服用的药物可能会激活人脑中的一种病毒而致人死亡的概率很低。服药的时间越久,这种风险越高。夏洛特当然想要尽早停药,只依靠她的饮食疗法来维持健康。然而,研究表明,三分之二的人在停药后病情会复发,许多人的病情甚至比使用前还要糟糕。那些三分之一没有复发的人也不如她现在的身体状况这么好。她还没有找到采用同样的饮食疗法**并且**停药的病人。因此,尽管她希望自己能变得更健康,但她没有证据能够证明这种方法有效。她正陷入一个束缚:她可以停止服药,但要承担严重的复发风险;她也可以继续服药,但要承担(小得多的)死亡的风险。比较统计数据后,她目前仍选择继续服药,但她对此并不满意,还是希望可以停药。

但还有另一个束缚,从而形成了一个双重束缚:夏洛特不仅相信统计数据所显示的,即如果她停药,很可能会复发;她还相信"自我实现预言"的说法,即她确信,如果她认为会复发,那么复发的可能性就更大。"统计数据"支持了她的信念,即她会复发;而她的"自我实现预言"信念使她不仅坚持服用一种可能致命的药物,而且要在饮食方面采取相当极端的措施来保持健康。

夏洛特一直回避这个问题,但她同意了我在书的这一部分使用她的故事。一旦我把它建模并记录下来,她就再也不能忽视这个问题了。在一次干净教练的会谈中,她明确要停止服用药物。要做到这一点,她需要相信自己的身体,这意味着保持冷静。她发展出了一个资源的隐喻——一种薄薄的白色金属结构,搭在她的肩膀上,让她保持冷静和坚定。她还开始练习瑜伽和冥想。一旦她确信自己在大多数情况下都能保持冷静,她就可以停药。

应对束缚

什么迹象表明在客户的景观中存在束缚？如何帮助他们对束缚模式进行自我建模呢？只要你做到了，他们就会看清自己的现状，并意识到在自己的逻辑中是找不到出路的，而这就为新情况的发生创造了条件，虽然这听起来有些矛盾。

> 束缚的解决方案，就像所有明显矛盾的问题的解决方案一样，关键在于离开对立的局面，改变那个问句的性质，这样就会看到更大的背景环境。
> ——马图拉纳和瓦雷拉，1992

教练通常会聚焦于客户渴望的结果而不是困境。不过，你还是需要有能力觉察到束缚的存在。当客户有以下表现时，表明存在束缚：

- 无论你尝试多少次，他们都想不出一个渴望的结果；
- 有一个渴望的结果，但当你发展它时，它不断崩溃，你又回到了困境本身；
- 顺利发展出一个渴望的结果，甚至有转变或演变出现，但随后便遇到一个无法克服的困境；
- 会谈结束后离开时，似乎所有问题都已解决，但后来又会出现同样（或同样问题的另一个版本）的困境。

一旦你认识到束缚的存在，就要停止为客户渴望的结果建模，转而为客户的困境建模。这时，找出所有不同的意图尤为重要。为此，你可以对每个隐喻符号进行提问：

……（隐喻符号）希望发生什么？

当你认为已经找到了所有渴望的结果时，你就问：

那么，当（结果1），当（结果2），当（结果3）时，你希望发生什么？

通过重复所有互不兼容的结果，你要强调的是问题无法解决这个事实。其实你是在说：“既然事已至此，你想要什么？”重复束缚模式两次甚至三次，往往很有效果。只有这样，客户在考虑他们想要什么的时候，才能真正明白束缚的本质和自己所处的左右为难的局面。

如果你开始对客户渴望的新结果进行建模，可还是不奏效的话，表明可能出现了双重束缚。那你就要重复相同的过程，在向客户简要复述他所说的话时，你也要提及那个新的束缚。

你可能已经发现，这个过程与我之前的描述并没有太大的区别，也就是无论何时出现困境，这都是一个信号，提醒你去问：

那么，你希望发生什么？

区别不在于你的问句，而在于你邀请客户对他的困境进行建模。这可能是一个复杂的困境，你需要一定的耐心和毅力把建模继续下去。当你感觉卡住了，感到绝望，或者很想干脆停下来提供一个解决方案的时候，恰恰是保持干净的关键时刻。因为你提供的出色的"解决方案"不能真正帮助到客户。相反，你的建议会传递出这样的信息：客户无法自己解决问题，这可能会加剧他们的束缚。

与其放弃，你不如采取这些策略：

- 引导客户把束缚简化到问题的症结上。【试着"拉远镜头（散焦）"，然后问：*那么，所有那些就像什么？*（见第 62 页）】
- 从模式入手（见第 174-175 页）；
- "活化"（见第 148-149 页）；
- 鼓励客户"具身化"或用身体表达他们的景观（详见右侧说明）；
- 寻找潜在的资源，这些可能是转变的催化剂。你可以发展资源的顺序和/或寻找其源头（第 144-147 页）；
- 一旦发生任何小的转变，立即留意并发展它们——一个小转变可能导致另一个小转变，这可能是解开这一束缚的途径；
- 继续找出每个符号的意图（*……希望发生什么？*）。当一个转变发生时，让它变得成熟起来，并确认所有的意图都得到满足。
- 记住，当客户有足够的时间思考自己的状况时，他们很可能会在下一次会谈*之前*就有了新的想法。

总之，为一个人的束缚建模可能是一个痛苦的过程，客户可能会采取不同的方式避免面对现实。他们可能会改变话题，给出大量的例子和故事，需要上厕所，记起来他们忘了关手机，结束会谈，等等。你的任务是将他们的注意力集中在束缚模式上，使用简单干净的问句，并尽可能少做干涉，这样，适合他们的独特解决方案就可能浮现出来。

通过对束缚或双重束缚仔细地建模，你正在促使束缚的条件发生转化。这样的转化有时会很快自然发生，有时则会逐渐产生。有时候，客户不得不接受问题无法解决这个现实，然后才会去考虑他们如何能够与现状共存。

将景观具身化

在象征性建模会谈中，你会有一种感觉：好像每个客户都在演绎自己的景观。当他们用手势把身体内部和周围的空间联系起来的时候，景观就被激活了。当你的提问使他们的注意力在景观中移动时，你可以通过鼓励他们在景观中移动身体或表演正在发生的事情来加强建模的效果。

案例 18：玻璃墙

菲利普正在参加一个周末"个人之旅"活动（两天的小组教练和其他任务交替进行）。他渴望的结果是增强他在社交、参与商业活动和建立人脉关系时的信心。

在一次会谈中，他发现自己的身体里有一些苛刻的话和孤独感。他想把这些话掏出来，摧毁它们，然后走到一个积极的空间（由一把椅子来代表）里。在他和积极的空间之间存在一堵（隐喻性的）厚厚的玻璃墙。他的会后任务是，将每一句刺耳的话和他自己的相关感受都写在一张便利贴上。

在随后的会谈中，他撕毁了所有的便利贴，并把它们抛在身后。但是这些便利贴仍然让他感到不舒服，他不由自主地站了起来，把它们扔进垃圾桶。等他回到座位上时，玻璃墙已经不见了。在被问了几个问句之后，他起身走向那个新的空间，坐在那里，发现自己听到的都是积极正向的话语。

案例分析 19：飞翔而不是下坠

苏，那个想要翻转自己想法的客户（第 178 页）也在周末进行了"个人之旅"。

她的第一次会谈是这样开始的。

教练：**你希望发生什么？**

客户：**我希望自己的焦虑少一点。**（解药）

教练：**那么，当你的焦虑少一点**的时候，接下来会发生什么？

客户：**接下来那一刻我很放松，很享受。我不会害怕，也不会把我的焦虑传染给别人。我更开心了。**

苏接着发展出了一个阔叶植物的比喻，色调是橙黄色，带有红色和粉红色。植物沐浴着阳光，但它有一颗必须保护起来的种子，每隔一段时间，就会出现一些导致植物收缩甚至消失的东西。

请注意这些矛盾的结果：苏想让叶子长出来，但种子需要被保护，这意味着植物会收缩。

随着时间的推移，苏又发展了一些隐喻，展现出这个景观的矛盾性。有时，她背着一个巨大且沉重的黑色背包；有时，她又背着一个很轻便的银蓝色背包。然后一枚旋转的硬币又出现了，它有翻转的能力。发展这个符号引出了一段对这个束缚的清晰描述：

> **翻转都是因为绝望。我不得不先来到谷底，才能触底反弹、获得成功。如果我只是告诉自己要翻转，那是不会成功的。单凭理智是徒劳的，我必须先触底。但是我不想为了成功而把自己的一生都花在走向谷底这件事上。也许我的小心翼翼和对自己的过度保护阻止我来到谷底，但这样我也无法去做想做的事情了。**

当我重复了她的话并问："你希望发生什么？"苏说："**我想在谷底好好走一走，这样我就能了解它及其对立面。**"

几分钟后，她得出另一个更简单的版本，描述她的束缚：

> **我走的是一条中间道路。我可以看到一条更高的路径，我正在看着这条更高的路径，但是我不跌入谷底就无法到达那里。**

在这个特别的会谈结束后，苏在我家附近的小山上散步，那里有一些小岩石坑。这次散步让她能够将景观具身化。苏是一个会讲故事的人，当她在山上的时候，她就写了一个故事。

苏的故事

从前有个小女孩，她住在一个大采石场旁边的房子里。房子上面耸立着悬崖峭壁。小女孩渴望到长满绿草的崖顶上散步，感受微风拂面，眺望天空和远处的世界。但是没有通向崖顶的路，崖壁也很陡峭。

要想从这个半山腰的家去任何地方，她必须沿着采石场的边缘走一条小路——这条小路非常狭窄，小路的边缘是很深的悬崖。她非常害怕跌入这个深坑的底部。因此，她每一次出门都小心翼翼，从来没有摔倒过。

随着年龄的增长，她越来越害怕掉下去，也越来越想去崖顶上看风景。后来有一天，她走着走着，脚下一滑，跌到了采石场的底部。她很害怕，也为自己的粗心大意而感到羞愧，以为世界末日到了。她几乎不敢睁开眼睛，但她很快意识到自己伤得并不重，只是身上有些擦伤和灰尘。她爬起来，掸了掸身上的石灰，沿着采石场的底部走了下去。

她很高兴能感觉到脚下坚实的岩石，边上也没有悬崖。这时，一只鸟在她的头上唱歌。她抬起头，发现一切都变了。她已切换到另一个现实，她发现自己不是走在采石场底部的岩石上，而是走在崖顶绿油油的草地上。她感觉到微风拂面，一阵喜悦向她袭来，眼前的景色如此广袤，头顶的蓝天如巨型的大碗，让她深深地陶醉其中。

她没有质疑这神奇的切换是如何发生的。冥冥之中，她知道高高的悬崖和深深的采石场是彼此的镜像，而当她进入其中一个的深处时，离另一个的顶端就只有一步之遥了。这时，她带着疲倦和喜悦，坐下来，闭上了眼睛。当她醒来时，她已经回到了采石场旁的小房子里。

她仍旧害怕掉进采石场，但也有些兴奋。她发现，除了掉下去之外，没有其他到采石场底部的路。她开始冒险，从岩壁上往下跳，每当她接触到底部的岩石时，它很快就变成了绿草覆盖的崖顶。外人认为她疯了，提醒她保持谨慎和克制。但她摔得越多，就越不恐惧，越不担忧他人的看法，也就越不担心自己的安全。

随着时光流逝，她的生活已经充满了冒险、旅行和新鲜事物，但她总会回到半山腰的家。后来，她变成了一个老太太，当有人（他们因为害怕从狭窄的小路掉进采石场，所以总是带着些恐慌）来拜访她时，她会告诉他们，她再也不用"掉进采石场"这样的说法来形容自己过去的经历，而是把它称作"飞上悬崖"。

苏意识到谷底根本没那么可怕。那里不仅有坚实的地面，而且谷底是一个纽带，连接她和她想去的地方的纽带。让她恐惧的是那种下坠的感觉。她说：

我必须接受的是，我特别害怕我的言行引起他人的反应，以至于到了畏手畏脚的程度。

她说这是一个很关键的收获。即便如此，当苏第二天继续她的"个人旅程"时，她把恐惧描述为：黑色背包底部的一个巨大的鼻涕虫。她说，她想探索、了解和认识它，这样做意味着她可以换上更轻的那个背包了。

经过一次长时间的、涉及多个话题的会谈，束缚越来越明显，我给了苏一个任务，让她绘制黑色背包里的所有东西。她认真浏览了我的笔记，并在便利贴上写下了所有沉重的东西、隐喻和符号。同时，这个过程也让她注意到了那些轻松的东西，于是她把它们写在了另一张便利贴上。

当她回来参加下一次会谈时，我问她希望发生什么。她有一个完全不同的、似乎与正在发生的一切无关的渴望的结果。她编织了一个没有任何障碍的旅程，穿越陆地和海洋，最后坐在一个岛上的一棵树下写故事。我心里纳闷：以前的景观究竟怎么了？

当这个新的渴望的结果似乎已经清晰并将发生时，我问道：

教练：那么，当就像那样的一个旅程，还有你坐在树下写故事时，鼻涕虫发生了什么呢？

客户：哦，它爬上车道，不见了。
教练：那么，黑色背包发生了什么呢？
客户：它已经被腾空，我不再需要它了。它又薄又破，被扔进了垃圾桶。
教练：那么，银蓝色的背包发生了什么呢？
客户：那个包我正背着呢，准备去旅行。

我虽然不知道发生了什么，但两个背包的景观图显然有了些改变。

三个月后，苏告诉我，背包底部最重的东西代表着她未完工的房子，那是她和另一半用过去 12 年的时间一砖一瓦建造的。她现在给自己设定了一个非常现实的最后期限，大部分工作需要在此期限内完成——因此，工作正在进行。她说：

完成建房的过程，感觉更像是一个自我完善的过程。

案例分析 20：投入蓝色中

安吉拉说她渴望的结果是：
我想要更大的工作空间。

她目前在家办公。每到周末，她的工作室就变为继女丽贝卡的卧室，所以她不得不把所有与工作相关的东西都收走。她希望的是能够把这些东西留在原处，这样她就可以随时继续工作：

> 我想要一个可以伸展和摊开的空间。我希望工作室是明亮、通风的，是阳光明媚的黄色，是很酷的——一个大空间。在这里，我可以做很多事情，可以聊天、绘画和思考，这里就像一个露天市场。当我享受了愉快的时光后，我就可以离开了。

到目前为止，会谈进行得还算顺利，虽然她不知道露天市场在哪里，但她想找到它。如果她找到了，就不得不作出一些选择——因为她也喜欢待在家里：

> 它很可爱。它温馨、温暖而且舒适，我喜欢待在那里。晚上炉火很舒服，我可以放松下来。我喜欢在家里工作，因为不需跑很远。我可以走几步路到楼上做些工作，也可以走几步路到楼下喝杯茶，或者走出去遛遛狗，然后可以再回去工作。这比到外面去工作强多了。

安吉拉曾经在外面有一间工作室，但她发现自己想待在家里。现在，她在家里，空间却不够用。

这个景观具有束缚的所有特征：

- 安吉拉想要一个大的工作空间，在那里，她可以把东西摊开，还可以把东西留在原处；
- 她也喜欢待在家里，只要走几步路就上楼做些工作，也可以走几步路到楼下喝杯茶。
- 为了拥有大空间，她将不得不放弃在家工作的便利。相反，如果她待在家里，她就没有大空间了。

安吉拉有两个相互矛盾的结果，所以我问：

教练：那么，因为房子太小了，露天市场必须在房子外面。（停顿）当你在房子外面找那个空间，有选择，你已经尝试过……还有，家和卧室兼顾是行不通的……那么，当你尝试了家……卧室……还有房子外面的另一个空间，阳光明媚的露天市场时，你现在希望发生什么？

客户：我希望有一个空间给丽贝卡，也有一个空间给我，一个工作的空间。但那是不可能的。所以，我想要发生的是……我希望工作室离家近，这样我还能享受在家的便利。我还是两个都要。我想待在家里。我想要在家的好处，我想要它像露天市场一样。离家很近，有我的空间。只属于我，没有其他人进去。是我的空间，我的，他人禁止入内。我可以让它保持原样，它舒适又明亮，它是我的空间。

会谈已经进行了 20 分钟，安吉拉总结了她新的渴望的结果：

> 我两个都要。我要在家的好处，我也喜欢露天市场。

她的解决方案是让露天市场离家近一些。几个问句之后，她有了一个想法：

> 可能在花园里。花园里的露天市场！问题解决了！

只可惜：

> 花园不够大。我在花园里放不下它（露天市

场）。我在花园里走了一圈，但我看不到可行性。我不能让花园变得更大，如果我把露天市场放在那里，它将是一个小一点的露天市场。那我就感觉又选择了一个小一点的空间。

她的结论是，露天市场的空间必须在家／花园外面。但这可能会导致一个问题：

露天市场就像旋转木马一样。我骑上又跳下。如果这是一个远离家的地方，我可能会在那里花过多时间。我被卷进旋转木马里。我必须有很强的自律能力才可以回家。但是当我在家的时候，我喜欢待在那里，那我怎么会去露天市场呢？

到目前为止，这两个选择——家以及家外面的露天市场——的位置在客户的感知空间中被清楚地标示出来。她把家标示在她的右边，把露天市场／旋转木马／在家的外面标示在她的左边。她把花园标示在她前面的右下方。

安吉拉定义了这些空间后，不断地引用它们，而且经常带着手势比划。

接下来，我用了大约 20 分钟，问了安吉拉更多关于家和露天市场的不同方面的问题。我们了解到：

- 当她在家的时候，她想要安心待在那里，全神贯注于丽贝卡和马克以及家里的事情。她首先要意识到她已经停止了工作，现在正和他们在他们的空间里。
- 当她在旋转木马上时，她可能会忘记丽贝卡和马克。另外，一旦她完成工作回家，就不能再溜回她的工作空间，因此会全神贯注在家人身上。
- 搬到露天市场的空间需要作出承诺。这需要权衡所有的选择，看她会失去什么、得到什么，然后再去做。

然而，就在她似乎已经准备对露天市场空间作出承诺的时候，她又提起了之前谈过的一个主题。

客户：我是自由职业者，自己创业，是为了不必朝九晚五。我喜欢那种从跑步机上下来，接着做我的工作的自由。所以，找一个远离家的地方就感觉……我不想朝九晚五。我很喜欢有时可以在晚上工作、有时可以在白天工作的自由，因为这也适合我们的生活。我喜欢在家办公的灵活性。感觉如果我去这个（外面），我得到了所有的空间，但对我什么时候可以去那里会有限制。我需要一个没有限制的地方。那样，我可以随时进出。因为我喜欢拥有做选择的灵活性。有时马克在晚上工作，这样白天我们就可以一起度过，然后我可以在晚上才去工作。

教练：那么，你喜欢拥有做选择的灵活性……

客户：这是一个我可以有灵活性的地方，它足够大，我可以在那里发挥创造力，一个充满创意的空间和来去自由的空间。

这时，我很想开始问什么样的地方会有这种灵活性，但我意识到她很可能会回到在家工作的选择，所以，我再次选择让她重新觉察到整个束缚。

①识别渴望的结果

教练：那么，现在你希望发生什么？

客户：我想要拥有我想要的一切。

教练：那么，**你想要拥有你想要的一切**，那么，关于那个，还有什么？

客户：（笑）我在笑，是因为我相信我能拥有那个，一切都像我想要的那样。人都会如愿以偿的，不是吗？

这是一个关键点。如果她心怀自己可以拥有一切的信念，这会不会阻碍她解决工作空间的困境呢？这样的信念对教练来说是否有利呢？我决定发展**相信**这个词，并找出它是帮助还是阻碍她解决工作空间的困境。

②把相信发展成一个符号

教练：那么，**你相信你可以拥有那个，一切都像你想要的那样**。那么，当你相信那个的时候，那个相信在哪里？

客户：（手指着心脏位置）那是一种一切皆有可能的信念。我坚信一切皆有可能，我很擅长实现目标。

教练：那么，当一切皆有可能的信念，同时你坚信时，那个信念有大小或形状吗？

客户：那是一个开放的信念……它很大。嗯，就是那样（大大地张开双臂）的形状。

教练：那么，它很大，（停顿）是那样的形状。那么，关于一个很大、形状是那样的开放的信念，还有什么？

客户：嗯，有可能……看来，这抱持着我的世界……哦！这是一个大世界。那是我的世界。

③发展世界

教练：那是你的世界，也是一个大世界。

客户：唔。那非常重。

教练：那么，抱持着你的世界。关于抱持着你的世界，还有什么？

客户：这个世界的存在是为了……我抱持着这个充满可能性的大世界。

教练：那么，抱持着这个充满可能性的大世界。那么，那个大世界在哪里？

客户：它在这里（世界）嗯，它是巨大的。

教练：关于那个大世界，还有什么？

客户：都是蓝色的，还有很多不同的颜色。我能看到构成这个世界的所有轮廓。它相当大。

第六次迭代　应对束缚　187

教练：那么，它相当大。（停顿）蓝色的，还有很多不同的颜色，还有，构成这个世界的所有轮廓⋯

客户：就像一个地球，一个世界。

教练：那么，可能性。那么，那样的抱持和想要摊开之间有什么关系吗？

客户：是的。它是走出去拥抱世界，展开我自己，展开，跑出去。

教练：那么，拥抱世界，（停顿）展开你自己，（停顿）跑出去。它是一个巨大的世界。可能性⋯⋯

客户：我在屏住呼吸。

安吉拉意识到自己正在**屏住呼吸**。似乎正在发生什么，所以我决定发展**屏住呼吸**。

④ 发展屏住呼吸

教练：那么，你在屏住呼吸。那么，关于屏住呼吸，还有什么？

客户：那是和承诺有关的。它就发生在承诺之前。

教练：那么，那就发生在承诺之前。

客户：它让人感到兴奋，同时也很可怕。

教练：那么，兴奋又可怕。（停顿）就在承诺之前，还有屏住呼吸。那么，关于那个屏住呼吸，还有什么？

客户：（咳嗽）我需要呼吸。

教练：那么，你需要呼吸。

客户：然后，当我呼吸的时候，它就不那么强烈了，那我就可以去拥抱世界。

安吉拉已经开始谈论接下来会发生什么，所以，为了与她的思路保持一致，我问她**拥抱世界**的效果。

⑤ 发现时间关系：拥抱的效果

教练：那么，当你呼吸的时候，它就不那么强烈了，然后你就可以去拥抱世界。那么，当你像那样**拥抱世界**的时候，接下来会发生什么？

客户：然后，我就出发到外面去了。然后到处走动，我就在那里面，一切都在发生。

教练：那么，你就出发了，然后到处走动，就在那里面，一切都在发生。那么，那是什么样的一切都在发生？

客户：有很多事情都在发生。世界在移动和变化，世界的颜色和形状也在变化。同时正在发生的事情是……我在外面做我该做的。我和人们在一起，帮助他们去拥抱自己的世界，做他们想做的事情，实现我们想要的。他们实现他们自己要的。而在我的世界里，我实现我自己想要的。

这一切似乎都充满希望（尽管我注意到她还没有找到工作的空间），然后她补充道：

客户：我不知道马克和丽贝卡在哪里。和我一样，他们是让这个拥抱成为可能的人。

教练：那么，形状也正在改变，（停顿）你正在帮助人们拥抱他们的世界，还有，你不知道马克和丽贝卡在哪里。

客户：他们还在那里（家）。那个很小，但这个（世界）很大。

景观中出现了另一个困境。这是在有束缚的情况下经常发生的事情。事实上，这是客户真正陷入束缚最显著的特征之一。所以，我概述了她的话之后问道："那么，你现在希望发生什么？"

⑥ 识别渴望的结果

客户：嗯，这（家）是一个值得回归的好地方。空间小不是问题，只是不适合在那里工作。这是我与马克和丽贝卡的小空间。这是一个可爱的空间。所以，我想要的是能够拥抱这个世界（世界），去到那里面，然后当我累了的时候，我可以回来，放松，在这里（家）玩。

教练：那么，你想要出去到那儿（世界），（停顿）拥抱这个世界，走出去，然后当你累了的时候，回到这里（家）。那么，该多好呀……

客户：嗯，不知怎么的，我在外面（世界）待得越久，这（家）就会越大。在外面（世界）会喂养那个（家）。只要我同时不断喂养这个（家），就没问题。

一个新的词**喂养**出现了，我决定发展它。

⑦ 发展喂养

教练：那么，那个喂养是什么样的喂养？

客户：那就是用爱和关注来喂养它。

教练：那么，就是用爱和关注来喂养它。那么，关于那个喂养，还有什么？

客户：嗯，还有做我在那里（世界）做的事情，还有这里（家）。然后还有我。所以，喂养是照顾一切。

教练：那么，那个一切是什么样的一切？

客户：有时候我觉得自己在做一切……所以，我做的是"我做一切事情"这件事，但我并非如此，因为这里（家）也要做一些事。无论我在那里（世界）做的是什么，我都希望在所有的空间里做。也为自己做，并在那里（家）做。

⑧识别必要条件

教练：那么，你在那里（世界）做的事情，在那里（家）也做，也为自己做。那么，需要发生什么，你才可以在那里（世界）做，也会为自己做，也在那里（家）做？

客户：我需要多出去。

⑨发展多出去

教练：那么，你需要多出去。那么，那个多出去是什么样的多出去？

客户：就是在外面。我一直待在家里的时候，我的工作效率不高。多出去就是要走出家门。也许这并不是说要一个新的工作室。也许这只是想要多出去，到处走走。减少电脑上的工作和写作，出去走走。这肯定是要走出家门的。

教练：那么，这肯定是要走出家门的。那么，当这肯定是要走出家门的时候，关于走出家门，还有什么？

客户：嗯，出去后回来也很好。但不会回到狭窄的工作空间，而是回家。我需要远程工作室！事情需要变得有点……我不知道……我仍旧想找个安静的地方写我的挂图。

⑩识别必要条件

教练：那么，需要先发生什么？

客户：仍旧是我是否需要在家里有一个工作空间。

这就是束缚的本质。尽管我们已经绕了好几圈，并探索了几条看似有希望的途径，但是最初的困境仍然存在。

教练：那么，还是你是否需要在家里有一个工作空间。（停顿）一个旋转木马，还有一个家，还有马克和丽贝卡，还有你需要多出去……关于这一切，还有什么？

客户：我只需要考虑我对那个世界（世界）和这个（家）知道什么。所以，当我有了世界（世界）和这个（家），我只需要决定这个（外面）在哪里。我需要作出承诺。

⑪发展承诺

教练：那么，你需要作出承诺。那么，那个承诺是什么样的承诺？

客户：那就是对那个世界（世界）作出承诺，并对这个家的世界（家）作出承诺。拥有这两样东西。然后我就能知道在哪里和如何承诺。

⑫识别必要条件

教练：那么，那就是对这个世界承诺，还有，家的世界，然后就能知道你在哪里做承诺。那么，需要发生什么，你才能作出承诺？

客户：我对这个家已经承诺了，我只需要深吸一口气，投入这个世界，站起来，走进去。

我这才意识到她以前没有这样吸气过，她只是说说而已。（让整个教练过程保持如此强大的是：如果作为教练的你没有把握住一些重要的信息，客户还是会把你拉回来的。）

教练：那么，需要先发生什么，你才可以深吸那一口气？

客户：只要去吸气。吸气，并投入。

⑬发展投入

教练：那么，吸气，并投入，那么，那是什么样的投入？

客户：投入那个世界的蓝色中。

⑭验证是否可以将深呼吸活化

教练：那么，投入那个世界的蓝色中。只要去吸气。那么，你可以深吸一口气吗？

客户：可以……然后再把它呼出去。

教练：那么，把它呼出去……

客户：是的，我可以。

⑮发现时间关系：深吸气的效果

教练：那么，当你那样深吸一口气后会发生什么？

客户：嗯，只要我把它呼出去，我可以就把它呼出去。就把它呼出去，然后离开。

我不会做和以前一样的假设。我需要检查这是否可以活化。

教练：那么，你可以呼出去吗？

客户：嗯，嗯。可以。

⑯发现时间关系：呼出去的效果

教练：那么，然后发生了什么？

客户：当我呼出去的时候，我就可以继续了，继续做我在这里做的事情。我不需要考虑那么多。这个空间，嗯，有时候有点烦人，但是……嗯，这个空间就是这样的……

安吉拉似乎接受了在家里工作，因为她会更多地外出。但这一决定对先前的那些符号有什么影响呢？

⑰发现空间关系

教练：那么，当你呼出去的时候，你就可以继续你在这里做的事情了。（停顿）这个空间有时有点烦人，但是这个空间就是这样的。那么，当这个空间就是这样的时，家会发生什么？

客户：它是一个幸福的家，更快乐了。

教练：那么，更快乐了。那么，当你完成你的工作的时候，会发生什么？

客户：嗯，我会出去，做一些有成效的事。我会做完后回家，那天的工作就到此为止。所以，白天我可以有空间带着狗去散步，去商店，什么都可以。当马克回来的时候，我已经把空间准备好了。

教练：那么，有空间去商店，还有，遛狗，还有把空间给马克。那么，伸展和摊开的空间、挂图和创造力会发生什么？

客户：那些来自待在外面。它会给空间提供燃料。它激发了创造力，因为它释放了想法。

教练：那么，把你的东西摊开，周末不用收起来发生了什么？

客户：嗯，东西会少一点……有可能。哦！

此时出现了一个很长的停顿。我觉得有些事情正在发生，但不知道具体是什么。我最好保持安静，安静地等待。

客户：好吧，那就无所谓了，不是吗？所以，我在家外面可以有这个空间（外面）。当我不在那里（世界）的时候，我可以去那里摊开，做所有的事情。所以，我要么在那里，做大量的伸展，因为我做的每件事都有某种形式的伸展。这是一种不同的伸展，这是通过做事情伸展我自己。这个空间是为了从那个伸展回来后，回顾发生的事情，然后接受它，再继续努力。所以，这是一个工作空间，这是我的空间，一个清晰而干净的空间。所以，我仍然需要这个空间（外面）。我不会一直在那里……我会在那里（世界），我会在那里（外面），我会在这里（家），然后可以离开家。我不会整天坐着，因为我要出去到那里（世界）。

安吉拉与各种空间的关系正在发生变化，她正在转向**外面**的选择，但目前还不知道可能在哪里。

⑱发展离开家

教练：那么，可以离开家。离开家在哪个位置？

客户：只有很短的路程。我希望它就在我门前的台阶上。哦，上帝！如果我要去到那里（世界），那么也许把它放在花园里也可以？因为很大很大的空间就在那里（世界）。这个空间（外面）是一个中等大小的工作空间。所以，我不需要占据整个花园。或许，我可以在花园里找个空间做工作室。

教练：那么，也许你可以在花园里找个空间做工作室。一个中等大小的空间……

客户：被花园包围着。那将是一个温馨的小空间。

安吉拉回到了她之前排除的选择。当它是在**家**和**外面**之中直接选择时，**花园工作室**就太小了。但现在，她已经开发了第三个空间，**在外面的世界**，她只需要一个**中等大小的工作空间**，似乎**花园**也就足够大了。

⑲发现时间关系：……的影响

教练：那么，一个大的空间，还有一个中等大小的空间，还有家。那么，当有大空间、中等大小的空间和家的时候，然后会发生什么呢？

客户：然后我就得到了我想要的一切。

教练：那么，然后会发生什么呢？

客户：**我得找点别的东西来抱怨。**（大笑）

这看起来已经很完整了。景观已经发展了一段时间，虽然我们可以继续并开始描绘花园工作室的样子，但我们已经超时了，所以我结束了会谈。

教练：那么，**在外面的世界里有一个很大的空间（世界），拥抱世界和人们。**（停顿）**你的花园里有个中等大小的空间，**（停顿）**你的花园围绕着它。还有，你不需要这么大的地方，因为有一个很大的空间在外面。还有，快乐的家（家）。**那么，在这个地方停止我们的会谈可以吗？

客户：可以。谢谢。

如果你一直在跟踪这个会谈记录里的种种转折和变化，那就太棒了。这将为你处理这种复杂的困境做好准备。客户已经想出了一个解决问题的行为，但如果没有她的隐喻景观的个人化转变，这个解决方案是不可能出现的。会谈丰富了她与家、工作、家庭、世界的关系。

安吉拉继续创建她的花园工作室。

那么，模式……层次……束缚……

将景观具身化……

那么，你现在知道什么了？

本书已经接近尾声，因此，现在是总结自己学到了什么、接下来会发生什么的好时机。如果你像我在第15页建议的那样，提前给自己设定了一个阅读本书的目标，那么，你得到自己想要的了吗？当然，我希望你得到了。如果没有，需要发生什么，你才能实现那个目标呢？

无论你是否达到了目标，我相信你都会从重读本书中受益。在你重新开始阅读之前，了解你现在知道了什么会很有意义，学习会更如你所愿。可以把重读当作一次全新的迭代。

另一个加深理解本书的方法是访问www.cleanapproachesforcoaches网站。在那里，你可以找到很多帮助你学习干净的语言的资源：更多的案例分析，实践练习，网址链接，测验，等等。

如果你想做进一步探索，请加入我们的干净教练培训，你将从教练和客户的角度亲身体验本书中的一切。我们的培训网站是 www.cleanlearning.co.uk.。

当然，要更深入地探索干净的语言，最重要的是不断练习。你可以参加各种线上和线下的小组，练习干净的语言，找到可以一起练习的伙伴，提出问题并获得他人的支持。这些都可以在"干净的方法"网站上找到，在这个网站，你还可以获得有关督导的信息。更重要的是，每位客户都会为你提供更多的洞见。他们每一个人都值得你去学习。

参加干净引导师的培训

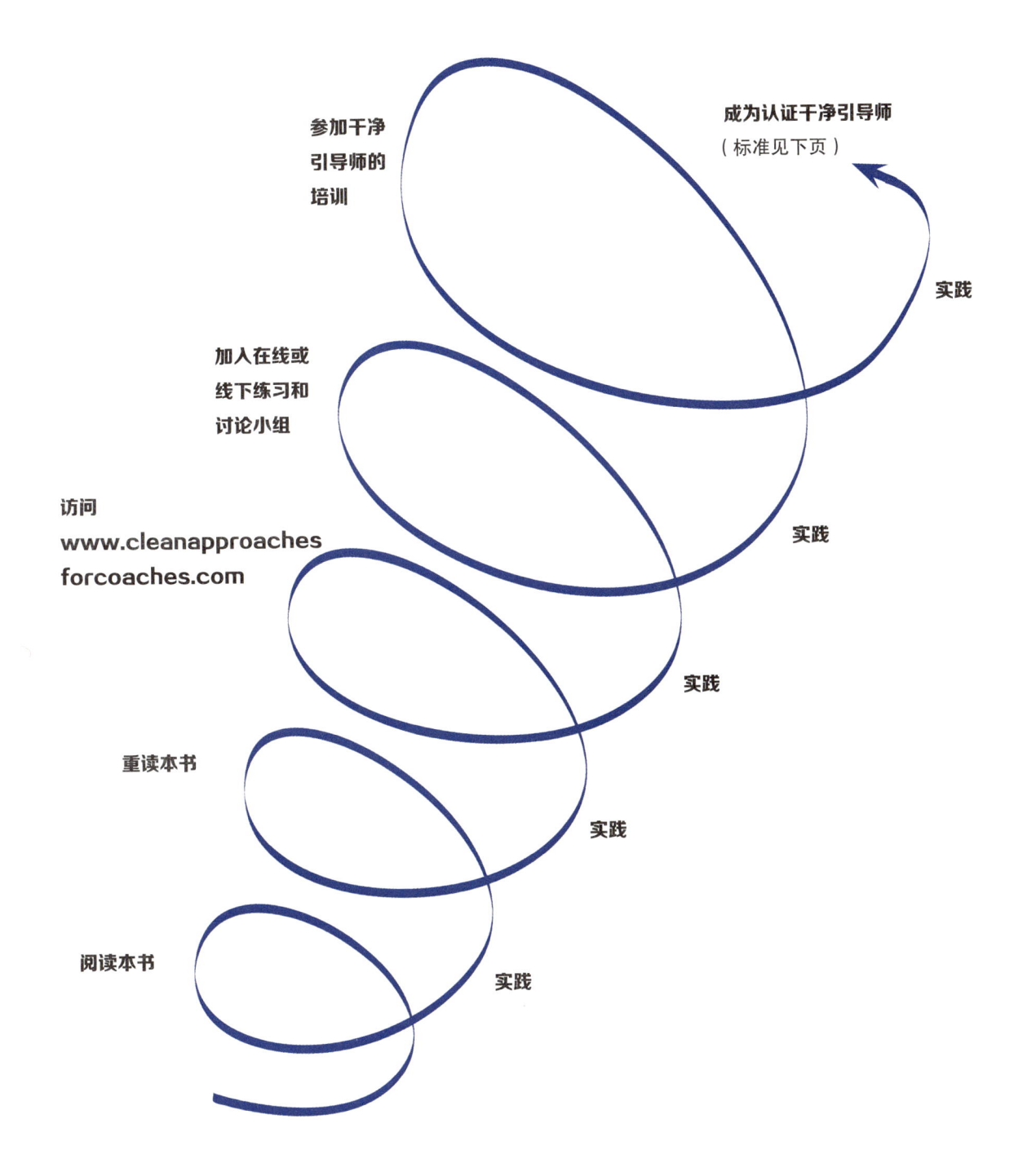

成为认证干净引导师
（标准见下页）

实践

加入在线或线下练习和讨论小组

实践

访问
www.cleanapproaches
forcoaches.com

实践

重读本书

实践

阅读本书

实践

附录　干净引导师能力标准：1 级

在那些会很好地利用本书的人中，有一些是正在努力成为"干净引导师"的人。"干净引导师"的资格证书将颁发给那些能够始终并恰当地展现下列能力标准的人。这里展示的可以让你知道在书中什么位置找到该能力的相关信息。

1. 干净的语言[1]（"……"表示客户的原话）

干净的语言引导口头和非口头交流使用。

基本的干净的问句：

关于……，还有什么？	56
……是什么样的……？	57
……在哪里/在哪个位置？	88
那个……像什么？	92
你希望发生什么？	110
当……的时候，……发生了什么？	133
……和……之间有什么关系吗？	133
然后会发生什么？/接下来会发生什么？	140
在……之前发生了什么？	144
……（可以）从哪里来？	146
想要……，需要先发生什么？	157
……可以（发生）吗？	161

在适合客户信息逻辑的前提下询问特殊的干净的问句，例如：

……有大小或形状吗？	90
……是在里面还是在外面？	91
……（是）朝着哪个方向？	91
你怎么知道……？	93
……和……相同还是不同？	133
现在发生了什么？	148

处理一系列客户的信息：感官的、概念的、隐喻的和非语言的	81
用好奇而中性的音调提问，并在使用客户的用词时与客户声音特质相匹配	50, 64
在会话式的语调和令人冥思的语调之间变化	63
用动作示意和眼神凝视隐喻景观中的符号位置——从客户的视角看	50
变化使用三步式句型：从最少到最多	60, 63
重述和回溯	62–63
干净的开始和干净的结束	122, 168
把绘画内容包含在会谈的开场中	170

---

[1] 此部分精选出了 12 个核心问句，做成抽签条附在文尾处，可自行裁减。——编者注

2. 隐喻

识别并运用客户的语言和非语言隐喻	76 - 81
发现并运用客户的明显的和不明显的隐喻	76 - 81
引导客户把他们感官的、概念的、非语言的表达转化成隐喻	82 - 93
用与客户的隐喻性质一致的方式处理隐喻	117, 118, 189

3. 建模

随着时间的推移，帮助客户进行自我建模：

通过不断地用每一个新出现的信息提问，引导师不断更新自己基于客户的模型所建的模型	32, 119, 161
以考虑当前渴望结果的方式引导客户的注意力（区分客户在转变过程中的结果和建模者在范例建模中的结果）	110 - 121
发展客户的隐喻景观（"原地不动"足够长的时间，以识别和定位符号的位置分布以及它们之间的关系）	贯穿全书
鼓励和维持客户的隐喻景观的激活状态	87
识别简单的空间、时间和形式的顺序及模式	126 - 149

4. 转变的工作

帮助客户在自己的转变过程中：

识别一个渴望的结果（例：利用 P.R.O. 模型）	110 - 115
发展渴望的结果的景观	116 - 121
探索渴望的结果的效果	140 - 143
识别、发展和运用资源	102, 146 - 147
在转变发生时识别它并使其酝酿成熟	152 - 155 和 162 - 167
根据需要，识别维护（例如束缚）模式，	174 - 192
识别转变的必要条件	156 - 161

2007 年 1 月，詹姆斯·劳利、温蒂·沙利文（Wendy Sullivan）、菲尔·斯沃洛和彭妮·汤普金斯编制了这些能力标准的原始版本。这些标准不是固定的，可以修订。这是版本 1.6.1。您可以在 https://cleanlanguage.com/guidance-for-competency-criteria-level-1-clean-facilitator/ 上找到最新版本。在那里，您还可以找到使用这些标准的培训公司的列表。

除了这里列出的干净的语言标准，候选人还需要表现他们有能力使用干净的空间。有关这方面的更多信息，请查看"www.cleanlanguage.co.uk"上的"干净的空间"部分。

干净的问句索引

And all of that's like what ?	那么，所有的那些像什么？ 181
Can ... ?	……可能吗？ 55, 161, 191, 196
Does ... have a size or a shape ?	……有大小或者形状吗？ 54, 90, 92, 118, 157, 187, 196
How do you know ... ?	你怎么知道……？ 55, 93, 196
How many ... are there ?	那儿有多少……？ 54, 90, 138
In which direction is/does ... ?	……（是）朝哪个方向？ 54, 91, 196
Is ... on the inside or the outside ?	……是在里面还是在外面？ 54, 91, 196
Is there anything else about ... ?	关于……还有什么吗？ 54, 56–58, 62, 84–89, 93, 113, 115–121, 131–133, 138, 141– 143, 157, 159–161, 163–164, 166, 187–191, 196
Is there anything else that happens before ... ?	在……之前还发生了什么？ 145
Is there anything else that needs to happen ?	还有什么需要发生？ 167–168
Is there a relationship between ... and ... ?	……和……之间有关系吗？ 55, 132–133, 138, 188, 196
Is ... the same or different to ... ?	……和……相同还是不同（一样还是不一样）？ 55, 133, 196
That's ... like what ?	那个……像什么？ 15, 54, 92–93, 102, 116, 118, 121, 138, 142, 166, 196
Then what happens ?	然后会发生什么？/ 那会怎么样？ 55, 112, 114, 119, 138–146, 155, 162–167, 182, 189, 191, 193, 196
What are you drawn to ?	你被什么吸引了？ 170

续表

What happens just before ... ?	就在……之前发生了什么？ 55, 122, 138–139, 144–145, 149, 196
What happens next ?	接下来会发生什么？ 55, 112, 138–141, 162, 170–171, 196
What just happened ?	刚才发生了什么？ 55, 148–149, 152
What kind of ... ?	……是什么样的……？ 20, 54, 57, 62, 86–89, 113–114, 116–118, 120, 132, 138, 141–143, 158–159, 189–191, 196
What needs to happen for ... ?	想要……，需要先发生什么？ 55, 138–139, 160–161, 190–191, 196
What's happening now ?	现在正在发生什么？ 55, 148, 152, 155, 158–159, 196
What would ... like to have happen ?	……希望发生什么？ 20, 180
What would you like to have happen ?	你希望发生什么？ 15, 55, 84, 102, 108, 110, 112–113, 114–116, 119, 123, 138, 140, 147, 155, 158, 160, 170, 175–176, 180, 182, 185, 187, 196
When ... what happens to ... ?	当……时，……发生了什么？ 55, 133, 162–167, 184, 192, 196
Whereabouts is ... ?	……在哪里/在什么地方/在什么位置或方位？ 54, 84, 86–89, 91, 116–119, 138, 142, 157, 160–161, 163, 166, 187–188, 193, 196
Where does/could ... come from ?	……从哪里来？/……可能从哪里来？ 55, 138–139, 146–147, 196
Where is ... ?	……在哪里？ 54, 87–89, 91, 133, 138, 171, 196
Where would you like me to be ?	你希望我在哪里？ 122
Where would you like to be ?	你希望在哪里？ 122

航线索引

Check Whether ... Can Be Enacted	检查是否……可以被活化 191
Develop Changed Symbol	发展转变了的象征性符号 166
Develop Concept	发展概念 132, 162–163, 166, 190, 191
Develop Desired Outcome	发展渴望的结果 160
Develop Into Symbol	发展成符号 116–117, 119, 121, 142, 157, 187
Develop Necessary Condition	发展必要条件 159–161
Develop Relationship	发展关系 131, 143
Develop Sensory Information	发展感官信息 162, 188, 190, 193
Develop Symbol	发展符号 108–109, 116, 118, 120–121, 132, 142, 155, 158–159, 188
Identify Desired Outcome	识别渴望的结果 108, 110, 116, 119, 155, 158, 160, 165, 187, 189

Identify Necessary Condition	识别必要条件 160–161，190
Identify Relationship	识别关系 132
Necessary Conditions	必要条件 156–161
Relate Across Time	发现时间关系 107–109，155，162
Relate Across Time: Effect	发现时间关系：效果 140–143，162–167，189–191
Relate Across Time: Recurring Events	发现时间关系：重复发生的事件 144–145
Relate Across Time: Source	发现时间关系：来源 146–147
Relate Over Space	发现空间关系：107–109，131–133，155，161–162，165–167，192
Relate Over Time: Effect	发现时间关系：效果 191
'Stay There'	"待在那里" 158

参考文献

Books, Journal Articles, Websites

All the websites listed were accessed between August 2012 and January 2013.

Ackerman, J. Nocera, C. and Bargh, J., 2010. Incidental Haptic Sensations Influence Social Judgments and Decision. *Science*. 328 (5986), 1712-1715

Barfield, O., 1988. *Saving the Appearances: A Study in Idolatry*. Middletown: Wesleyan University Press.

Bateson, G., Jackson, D. D., Haley, J. & Weakland, J., 1956. Towards a Theory of Schizophrenia. *Behavioral Science*. 1, 251–264

Capra, F., 1997. *The Web Of Life: A New Synthesis of Mind and Matter*. London: Flamingo.

Covey, S.R., 1992. *The Seven Habits of Highly Effective People*. London: Simon & Schuster Ltd.

de Shazer, S., 1994. *Words Were Originally Magic*. London: W. W. Norton & Company Inc.

Dilts, R., 1999. Identity and evolutionary change. Workshop manual.

Duckett, M., 2006. Like a Kid in a Sweet Shop: The Use of Generative Metaphor. Available at: http://www.cleanlanguage.co.uk/articles/articles/92/

Fritz, R., 1989. *The Path of Least Resistance*. New York: Fawcett.

Geary, J., 2011. *I is an Other*. New York: Harper Collins.

Gentner, D., and Clement, C., 1988. *Evidence for relational selectivity in the interpretation of analogy and metaphor*. In G. H. Bower (Ed.), The psychology of learning and motivation: Advances in research and theory. Vol 22, 307-358. New York: Academic Press.

Grove, D., 2004. History of David Grove's work: 1980-2004. (Compiled by Jenny Mote, with slight alterations by James Lawley, 2010) Available at http://www.cleanlanguage.co.uk/articles/articles/279/

Grove, D. (partially written by Rob McGavock), 1998. Problem domains and non-traumatic resolution through metaphor therapy. Available at http://www.cleanlanguage.co.uk/articles/articles/4/

Grove, D. and Panzer, B., 1989. *Resolving Traumatic Memories: Metaphors and Symbols in Psychotherapy*. New York: Irvington.

Goldberg, M., 1997. *The Art of the Question: A Guide to Short-Term Question-Centered Therapy*. Chichester: ohn Wiley & Sons.

Goldsmith, D., 2008. Obituary of David Grove. Available at http://www.cleanlanguage.co.uk/articles/articles/283/

Hawkins, P. and Smith, N., 2006. *Coaching, Mentoring and Organizational Consultancy: Supervision and Development*. Maidenhead: Open University Press.

International Coach Federation (ICF) Core Competencies. Available at http://www.coachfederation.org/icfcredentials/core-competencies/

Jaynes, J., 1976. *The Origin of Consciousness in the Break Down of the Bicameral Mind*. New York: Houghton Mifflin.

Jelinek, G., 2010. *Overcoming Multiple Sclerosis*. New South Wales: Allen and Unwin

Jones, R.S., 1982. *Physics as Metaphor*. Minneapolis: University of Minnesota Press.

Kandel, Eric R., 2007. *In Search of Memory: The Emergence of a New Science of Mind*. New York: W. W. Norton & Company Inc.

Kelly, L., 1998. Listening to Patients: A Lifetime Perspective from Ian McWhinney. Canadian Journal Rural Medicine, (online). Available at: http://www.collectionscanada.gc.ca/eppp-archive/100/201/300/cdn_medical_association/cjrm/vol-3/issue-3/0168.htm

Kövecses, Z., 2002. *Metaphor: A Practical Introduction*. New York: Oxford University Press.

Lakoff, G. and Johnson, M., 1980. *Metaphors We Live By*. Chicago: The University of Chicago Press.

Landsberg, M., 1996. *The Tao of Coaching*. London: HarperCollins.

Lawley, J., 2001. Metaphors of Organisation – Part 2. Available at http://www.cleanlanguage.co.uk/articles/articles/20/

Lawley, J., 2007. The Neurobiology of Space. Available at http://www.cleanlanguage.co.uk/articles/articles/196/

Lawley, J., 2011. What facilitators tend to do too early. Available at: http://www.cleanlanguage.co.uk/articles/blogs/65/

Lawley, J., 2012. The Point of Pointing. Available at: http://www.cleanlanguage.co.uk/articles/blogs/75/

Lawley, J. and Tompkins, P., 1996. 'And, what kind of a man is David Grove?'. Available at http://www.cleanlanguage.co.uk/articles/articles/37/

Lawley, J. and Tompkins, P., 1997. Symbolic Modelling. Available at http://www.cleanlanguage.co.uk/articles/articles/5/

Lawley, J. and Tompkins, P., 2000. *Metaphors in Mind: Transformation Through Symbolic Modelling*. London: The Developing Company Press.

Lawley, J. and Tompkins, P., 2003. Clean Space: Modelling Human Perception through Emergence. Available at http://www.cleanlanguage.co.uk/articles/articles/24/

Lawley, J. and Tompkins, P., 2004. Clean Language Revisited: The Evolution of a Model. Available at http://www.cleanlanguage.co.uk/articles/articles/28/

Lawley, J. and Tompkins, P., 2006. Coaching for P.R.O.'s. Available at http://www.cleanlanguage.co.uk/articles/articles/31/

Lawley, J. and Tompkins, P., 2006. Coaching with Metaphor. Available at http://www.cleanlanguage.co.uk/articles/articles/127/

Lawley, J. and Tompkins, P., 2011. Calibrating whether what you are doing is working – or not. Available at http://www.cleanlanguage.co.uk/articles/articles/308/

Maturana, H.R. and Varela, F.J., 1992. *The Tree of Knowledge: The Biological Roots of Human Understanding*. Boston: Shambhala Publications.

McWhinney, I. R. and Freeman, T., 2009. Third Edition. *Textbook of Family Medicine*. New York: Oxford University Press.

Morgan, G., 1986. *Images of Organization*. Beverly Hills: Sage Publications. Palmer, P.J., 1998. The Courage To Teach: Exploring the Inner Landscape of a Teacher's Life. San Francisco: Jossey Bass.

Pinker, S., 2007. *The Stuff of Thought*. London: Penguin.

Pollio, H.R. et al., 1977. *Psychology and the Poetics of Growth: Figurative Language in Psychology, Psychotherapy and Education*. Hillsdale: Lawrence Erbaum Associates.

Robinson, F., 2012. How does exploring metaphorical representations of organisational change at its best affect levels of well-being in an ambiguous and rapidly changing public sector work environment? Paper presented to the 3rd International NLP Research Conference, University of Hertfordshire, 6th – 7th July.

Rogers, C.R., 1951. *Client-Centred Therapy*. London: Constable.

Rogers, C.R., 1980. *A Way of Being*. New York: Houghton Mifflin Company

Rogers, C.R., 2004. *On Becoming a Person*. London: Constable.

Shibata, M., Toyomura, A., Motoyama, H., Itoh, H., Kawabata, Y., & Abe, J., 2012. Does simile comprehension differ from metaphor comprehension? *A functional MRI study, Brain and Language*, 121(3), 254-260.

Turnbull, C., 1989. *The Forest People*. London: Simon & Schuster.

Walker, C., 2010. Liverpool John Moores University – Centre for Excellence in Teaching and Learning. Available at http://www.trainingattention.co.uk/case-studies/educational-case-studies/liverpool-john-mooresuniversity-–-centre-for-excellence-in-teaching-andlearning

Wake, L., 2008. *Neurolinguistic Psychotherapy: A Postmodern Perspective*. Hove: Routledge.

Westfall, E., 2011. How Important is a Common Vocabulary for Sharing Ideas, and How Do We Arrive At One? (TED discussion). 3 November 2011. Available at: http://www.ted.com/conversations/6814/how_important_is_a_common_voca.html

Wheatley, M.J., 1994. *Leadership and the New Science: Learning about Organization from an Orderly Universe*. San Francisco: Berrett-Koehler Publishers Inc.

Whitworth, L., Kimsey-House, H. and Sandahl, P., 1998. *Co-Active Coaching*. Palo-Alto: Davies-Black Publishing.

Wilber, K., 1995. *Sex, Ecology and Spirituality: The Spirit of Evolution*. Boston: Shambala Publications.

Wolfram, S., 2002. *A New Kind of Science*. Champaign: Wolfram Media, Inc.

Wolvin, A.D., and Coakley, C.G., 1996. *Listening (5th edition)*. New York: McGraw-Hill.

Zaltman, G. and Zaltman, L., 2008. *Marketing Metaphoria: What Deep Metaphors Reveal about the Minds of Consumers*. Boston: Harvard Business Press.

Zhong, C. and Leonardelli, G.J., 2008. Cold and Lonely: Does Social Exclusion Literally Feel Cold? University of Toronto, (online). Available at http://rady.ucsd.edu/faculty/seminars/2009/papers/zhong-cold.pdf

Music and film

Miller, G., 1939. In The Mood. Available on Glenn Miller (2010) The Very Best of Glenn Miller [CD]. Sony Music.

The Wrong Trousers. 1993. (DVD) Park, N. UK: Aardman Animations

作者介绍

玛丽安在牛津大学获得教育学学士学位，她的首份职业是数学教师。在有了两个孩子后，她加入了慧俪轻体（Weight Watchers），自此转向第二份职业。在慧俪轻体，她起先做的是课程导师，然后在培训和课程开发部门工作。她和一位同事一起开发了棒骨点（POINTS™）饮食计划。她还编写并交付了许多面向组织内部各级人员的培训课程。

在慧俪轻体工作期间，她接触到了NLP（神经语言程序学）并成为NLP高级执行师和培训师。在一次NLP大会中，她自愿作为示范对象参与到詹姆斯·劳利的"束缚"主题工作坊中。在接下来的几年里，她逐步过渡到她的第三份职业，成为了一名"干净的语言"教练和培训师。

玛丽安与凯特琳·沃克（Caitlin Walker）共同运营"干净的学习"（Clean Learning），为个人和团队提供干净的语言培训、教练和工作坊，其中包括经国际教练联盟（ICF）认证的一级教练培训——干净的教练认证项目。作为一位极具天赋的培训师，玛丽安能够将复杂的信息提炼成小块，以一种简单易学的方式呈现出来。她采用干净的方法进行培训，将学习者的想法融入生活中的每一天，以确保教学聚焦于学习者每一刻之所需。她擅长让教学清晰明了，并能巧妙地运用图表、插图和色彩来达到良好的效果。在这个她最热爱的主题上，从编制课程教材到撰写一本书是个自然而然的过程，恰如水到渠成。

> 每个人都是为完成某项特定工作而生的，对于这项工作的渴望早已植入其心。
>
> ——鲁米（Rumi）

玛丽安的使命是帮助人们学习大卫·格罗夫发明的这一精彩的方法，并从中受益。自2013年完成《干净的语言》以来，玛丽安与詹姆斯·劳利合著了《空间的洞察：如何使用干净的语言解决问题、产生创意和激发创造力》（*Insights in Space: How to use Clean Space to solve problems, generate ideas and spark creativity*），与凯特琳·沃克合著了《所以你希望……# 远离闹剧》（*So you want to be ... #DramaFree*）。她最近开始攻读艺术学位，经常找到各种将"艺术"和"干净"结合起来的表达方式。无论你是教练还是客户，她都很想听听你在"干净的语言"方面的体验。您可以通过以下方式与她联系：

e-mail：marian@cleanlearning.co.uk

网站：www.cleanlearning.co.uk

《干净的提问》12 个核心问句

（建议您可以依裁剪线裁剪，折叠后放入容器，可作为抽签游戏使用。）

关于……，还有什么？

……是什么样的……？

……在哪里 / 在哪个位置？

那个……像什么？

你希望发生什么？

当……的时候，……发生了什么？

……和……之间有什么关系吗?

然后会发生什么? / 接下来会发生什么?

在……之前发生了什么?

……(可以)从哪里来?

想要……,需要先发生什么?

……可以(发生)吗?

Clean Approaches for Coaches: How to Create the Conditions for Change using Clean Language and Symbolic Modelling

by Marian Way

Copyright © Marian Way, 2013

This edition has been translated and published under licence from Clean Publishing.

Simplified Chinese edition copyright © 2024 Huaxia Publishing House Co., Ltd.

北京市版权局著作权合同登记号：图字 01-2023-1502 号

图书在版编目（CIP）数据

干净的提问 /（英）玛丽安·卫（Marian Way）著；巫卫山，潘跃，王宾译. -- 北京：华夏出版社有限公司，2024.10. -- ISBN 978-7-5222-0738-4

Ⅰ. G424.1

中国国家版本馆 CIP 数据核字第 2024AK5196 号

干净的提问

著　者	[英] 玛丽安·卫
译　者	巫卫山　潘　跃　王　宾
策划编辑	朱　悦　马　颖
责任编辑	马　颖
责任印制	刘　洋
出版发行	华夏出版社有限公司
经　销	新华书店
印　刷	三河市万龙印装有限公司
装　订	三河市万龙印装有限公司
版　次	2024 年 10 月北京第 1 版　2024 年 10 月北京第 1 次印刷
开　本	880×1230　1/20 开
印　张	10.8
字　数	230 千字
定　价	129.80 元

华夏出版社有限公司　地址：北京市东直门外香河园北里 4 号　邮编：100028
网址：www.hxph.com.cn　电话：（010）64663331（转）

若发现本版图书有印装质量问题，请与我社营销中心联系调换。